KB272835

직장생활 정글의 법칙

직장생활 정글의 법칙

매일경제 시티라이프팀 기획 · 박윤선 지음

Smart Manner + Smart Business

매일경제신문사

> ❝
>
> ## 2,000만 직장인을 다독이는 처세의 비법
> ## '힐링'이 있는 직장 정글 생존법을 아시나요
>
> ❞

2,000만 직장인 중 상사의 오늘 기분에 아랑곳없이 '독야청청 내 갈 길을 갈 테다'와 같은 태도로 조직생활에 임하는 자가 과연 얼마나 될까?

인생선배들이 알려준 대로 찬란한 미래를 위해 남보다 30분 먼저 회사로 향하고, 출근과 동시에 상사의 낯빛을 챙기며, 회식 자리에선 분위기를 띄우기 위해 가열차게 탬버린을 흔들어대고 집으로 돌아오는 길, 당신의 발걸음은 무겁기만 하지 않던가?

지금 우리는 피로 사회에 살고 있다. 장기 불황을 예고하는 갖가지 경제지수, 살인적인 물가, 과중한 업무로 직장인의 피로는 날로 늘어만 간다. 곰보다 더 무거운 피로에 눌린 직장인이 행복해지기란 아련한 첫사랑과 그 모습 그대로 재회하는 것만큼이나 어려워 보인다. 이런 직장인을 더욱 힘겹게 하는 것이 있었으니 그 이름도 무시무시한 '직장 정글'.

그래서 현대 직장인에겐 피로 사회에 걸맞은 '힐링 레시피'가 필요하다. 가만히 있으면 가마니가 될 것 같은 두려움, 생각만 해도 두통이 몰려오는 상사, 시어머니보다 더 무서운 클라이언트 극복 노하우와 같은 놀랍도록 지혜로운 처세술이 담긴 레시피 말이다.

이 책을 펼쳐 든 당신의 목표가 화려한 아부와 처세를 만방에 과시하려는 건 아닐 것이다. 오히려 남다른 아부와 처세를 익히지 않으면 살아남을 수 없다는 걸 매일매일 실감하기에 지푸라기라도 잡고 싶은 심정으로 첫 장을 넘길 것이다.

직장생활의 앞날을 밝혀줄 도구를 외국어 실력, MBA 학위와 같은 자기계발에 한정 짓지 말자. 가제트의 만능 팔처럼 자유자재로 처세술을 사용하려면 '직장인데 일만 잘하면 그만 아닌가' 하는 1차원적 사고를 삭제하는 것이 필요하다.

아무도 가르쳐주지 않는 사무실의 비밀

처세술 서적 따위가 직장 정글을 헤쳐나가는 무기가 될 리 없다고 말하는 이들이라면 이 책이 더욱 반가울 것이다. 이 책이 소망하는 것은 재기 발랄하게 이론을 응용한 '처세 액션의 독려'에 있기 때문이다. 직장 처세술의 핵심은 인간사를 관통하는 눈을 갖는 것이다. 윗사람에게만 '아부의 왕'이 되면 모든 것이 해결될 것이라는 편협한 사고는 장기적으로 보면 독이 된다. 인간 관계의 피드백을 읽는 영민한 판단력을 가진 자만이 승리하는 곳이, 직장이라는 이름의 '정글'이란 걸 명심하자.

가족, 노후, 재테크 등 만만치 않은 삶의 무게에 시달리는 50대 김 부장에게 필요한 것은 그저 '인사치레'가 아닌 부하직원의 영리한 배려이며, 서툴 수밖에 없는 신입사원이 목말라 하는 건 선배들의 적절한 경험과 지혜다.

이처럼 알토란 같은 직장생활의 노하우를 가감없이 공개한 이 책의 조언은 일 잘하는 상사의 지시처럼 명쾌하기만 하다. 요즘처럼 살기 팍팍한 시대에 믿음직한 업무 처리 능력과 상사, 그리고 부하직원의 마음을 꿰뚫는 능력을 장착한다면 당신의 직장생활은 전에 없이 찬란해지리라 믿어 의심치 않는다.

매일경제 〈시티라이프〉 편집장
송정우

CONTENTS

Part 1 |업무편|

능수능란한 달인이 되라

능수능란한 달인이 되라

• 업무 편 •

Chapter 1

스마트폰보다 스마트한 통화 매너

• Smart manner, Smart Business •

모르는 사람에게는 건실한 회사 이미지를, 아는 사람에게는 좋은 인상을 심어주는 업무의 기본 중의 기본은 통화 매너다. 그런데 이 기본 중의 기본이 점점 사라져가고 있다. 조금만 바꾸면 격이 달라 보이는 직장인 애티튜드의 첫 단계는 통화매너다.

요즘 어지간한 업무 통화는 휴대폰으로 하는 경우가 많고 데스크톱과 유선 전화를 치운 스마트 오피스를 지향하는 추세이다 보니 공식적인 전화 예절에 대해서 직원이나 회사나 양쪽 모두 무감각해지고 있는 것 같다. 대체적으로 서비스업이나 영업 관련 부서보다 일반사무직이, 연령이 낮고 경력이 적을수록, 규모가 큰 회사보다 작은 회사일수록 외부로부터 걸려오는 전화 응대가 매끄럽지 못하다.

규모가 좀 있거나 직원 교육에 엄격한 회사는 "안녕하십니까? ○ ○

○사 ○○○부 아무개입니다"라며 전화를 받도록 하는 매뉴얼을 갖고 있다. 그러나 많은 경우 마지못해, 웅얼웅얼, 대충, 건성으로 읊조린다.

전화응대를 제대로 하지 않는 직원들에게 그 이유를 물어보면 "뭐 그런 걸 가지고?"라며 정색을 하는 이들이 의외로 많다. "그런 것까지 신경 쓰기에는 업무가 너무 바빠요"라고 하기도 한다. "우리가 콜센터 직원도 아니고…"라며 불평하는 사람도 있었다.

신입이나 수습기간이 지난 다음부터는 이런 문제에 대해 윗사람이 간섭하거나 지적하기 힘든 것이 사실이다. 하지만 다들 싫어하고 있다. 눈에 띄고 귀에 거슬리지만 그냥 참고 있는 것뿐이다.

"세대차이지, 뭐." (56세, M 사 대표)

"그런 것 가지고 일일이 잔소리를 하면 직원들이 싫어해. 뒤에서 욕 한다고." (50세, L기업 부장)

"지적해도 고쳐지지 않아요." (41세, G 사 과장)

"하는 애들은 하고 안 하는 애들은 안 하지. 나이가 몇인데 그런 것까지 일일이 가르치겠어." (49세, N 사 부장)

"P 차장은 일 잘하고 똑똑하긴 한데, 싸가지가 없어. 지난번에 보니까 어디서 온 전화에 상대방이 뭔가 잘못한 것 가지고 엄청나게 쌀쌀맞게 대하더라고. 사람이 그리 덕이 없어서 쓰나." (51세, S 사 이사)

이것이 중간관리자나 고위급 임원들의 솔직한 심경. 현실을 직시해야 한다. 대체로 일 잘한다고 칭찬받고, 평판 좋은 사람들은 모두 활기차고 친절한 전화 매너를 갖고 있다. 반대로 일 못한다고 구박을 받는다든가, 1진에서 밀려나 있는 사람들은 매사 불평이 많을 뿐더러 특히 전화 응대가 건성인 경우가 많다. '하나를 보면 열을 안다'라는 옛말을 철석같이 믿는 게 윗사람들이다. 때로는 하나를 보고 열을 믿고 싶기도 하다.

여직원이 많은 회사라면 더 조심해야 한다. 여성들은 겉으로 내색하지 않는 것 같지만 타인의 행동에 대한 촉이 민감하다. 불특정다수 혹은 누군지 모르는 상대에 대한 불친절하고 무례한 태도와 언행은 한 공간에 있는 그녀들에게 고스란히 스캐닝되고 있다. 그리고 자신도 모른 새 물밑에서 스스로의 평판을 깎아내리는 요소로 작용한다.

반면, 깔끔한 통화 매너를 지닌 사람에게는 '저 사람은 친절하고 매너가 좋아'라는 인식을 갖는다. 당연히 좋은 평가가 내려질 수밖에 없다. 통화 매너는 사내에서의 자기관리에 중요한 영향을 끼친다.

직장인의 품격을 높여주는 기본적이고 모범적인 통화 매너를 정리해보자. 원리는 간단하다. 내가 다른 곳에 전화했을 때 불쾌하고 기분 나빴던 경험을 떠올리고 그렇게 하지 않으면 된다.

밝은 목소리로 시작하라

"네, 여보세요"든 "안녕하십니까? ○○○부서 아무개입니다"든 밝고 명랑하게. 듣는 이를 가장 기분 좋게 만들어준다는 '파' 음(音)까지는 아니더라도, 경쾌하고 밝은 어투로 받아라. 그 순간 얼굴이 보이지 않는 수화기 저 너머 누군가의 마음은 편안해진다. 당신의 회사나 부서에 좋은 인상을 플러스시킨다. 분위기 있는 목소리라면 신뢰감을 느끼게 할 수 있어 좋지만, 때로 익명의 베이스음은 중압감을 먼저 줄 수도 있다. 물론 "전화 목소리가 너무 좋아요"라는 칭찬을 자주 듣는다면 괜찮다.

인사하라

매뉴얼에 인사말이 있으면 당연히 지킨다. 매뉴얼이 아니더라도 "여기 ○○○인데요"라고 상대방이 자신을 알리면, "아, 네! 안녕하세요?"라든가 "잘 지내셨어요?"라는 안부는 기본이자 최소한의 예의다.

그러나 이 역시 현실에서는 잘 지켜지지 않는 경우가 많다. "여기, ○○○인데요"라고 하면 "네?"라고 되묻는 답이 돌아오는 경우가 부지기수다.

존댓말을 지켜라

나이가 적을수록, 아니, 나이와 관계없이 비즈니스 화법에서 경어와 존칭은 기본 중의 기본이다. 하지만 현실은 정반대다. 젊은 층으로 내려갈수록 존댓말을 쓸 줄 모른다. '요', '~ㅂ니다'만 붙인다고 존대가 아니다. "뭔데요?", "왜요?" 등은 존대가 아니라는 말이다.

자연스러운 경어와 존칭은 상대방을 기분 좋게 만들기도 하지만, 당사자도 존댓말을 씀으로써 스스로의 격을 높이고 한층 기품 있어

보인다. 우리말에서 존댓말을 바르게 하기란 까다롭고 어려운 편이지만, 노력하고 공부해서라도 고쳐야 한다.

웃어라

매뉴얼에는 없지만, 웃음은 긴장을 푸는 가장 좋은 약이다. 특히 하청업체, 처음 통화하는 경우, 매우 공식적인 업무 등 어색하고 어려운 상황일 때 효과적이다. 안면이 있는 사이라면 인사할 때, 상대방이 말이 막혀 곤란해 할 때도 웃음으로 분위기를 유연하게 만들 수 있다. 이쪽에서 말이 막혔을 때 한 번 웃고 다시 이야기를 시작해도 된다. 물론 상대방이 기분 나빠 하지 않을 정도까지만. 가끔 상대방의 웃음을 실없게 받아들이거나 기분 나빠하는 사람도 종종 있다.

상대의 이야기를 듣고 있다는 것을 알려라

상대가 좀 오래 이야기하고 있을 때, 중간 중간, "네, 네"라든가 "아, 그렇군요" 등의 추임새를 넣도록 한다. 상대가 한참 이야기하다 말고 "여보세요?"라고 확인을 하게 하지 말자.

또 가급적 긍정의 표현을 하라. "아닌데요"가 아니라 "그렇습니까?"라고 답한 뒤 내용을 정리하도록 한다. "안 될 겁니다" 류의 부정적인 예측을 미리 말하지 말 것. 자칫 상대의 감정을 악화시킬 수 있다. 부득이하고 어려운 문제는 "확인해보겠습니다"로 마무리하라.

용건을 확인하라

상대가 전화한 이유가 무엇인지, 이쪽에서 어떤 피드백을 주어야 하는지 확인하고, 약속하라. "확인하고 연락을 드리겠습니다"라고 하지 말고, 오늘까지 또는 내일, 금주 내 등 시한을 알려라. 다른 이를 찾거나 본인의 용무가 아닐 경우는 "메모 남겨드릴까요?"라고 묻도록 한다.

인사하고 끊어라

가장 흔한 케이스다. 인사도 없이 전화를 끊어버리는 것이다. 이 경우는 직위고하를 막론하고 성격적인 면이 큰데, 문제는 자신이 확실히 잘 보여야 하는 윗사람이나 클라이언트에게는 절대 이러지 않고 '그래도 된다'고 본인이 (은연중에) 판단하는 대상에게만 행한다는 점이다. 그러나 세상에 '그래도 되는 사람'은 없다. 인사는 인간과 인간의 기본적인 예절이고 어려운 상대가 아닐수록 깍듯하게 대하는 자세에서 그 사람의 품격이 돋보이는 법이다.

물론 가장 중요한 것은 진정성이다. '상대방이 지금 무엇을 원하고 있는가? 나는 무엇을 해야 하는가?'가 기준이 되어있지 않으면 아무리 수긍하며 응대해도 소용이 없다. 고객센터의 "사랑합니다. 고객님"이나 텔레마케터의 "네에, 아, 그러셨습니까", "정말 죄송합니다" 따위가 감동을 주지 않는 이유도 그 때문이다.

Chapter 2

상대를 높이고 나를 낮추는 말의 에티켓

• 호칭과 존칭, 그리고 높임말 •

세상에서 가장 어려운 것이 우리말이고 그중 어려운 게 존칭과 경어, 즉 높임말이다. 학교나 가정에서도 잘 훈련되지 않고, 사회에 나와 직장을 다니게 되며 비로소 생활 속에서 터득을 한다. 그러니 반복적으로 잦은 실수를 하게 된다. 익숙하지 않고, 틀려도 인지하지 못해서다. 비즈니스에서 존칭과 경어는 기본이다. 바르게 쓸수록 분위기와 인상이 고급스러워진다. 잘못된 호칭을 사용하면 버릇없고 잘못 배운 인상을 주게 된다. 생활 속에서 흔히 부딪히게 되는 존칭과 경어 에티켓을 알아보자.

김 과장은 김 과장님?

경력직원이 새로 입사해 팀에 합류했다. 젠틀하고 야무진 모습이 예사롭지 않은 그였지만, 독특한 버릇이 있었다. 상급자를 부를 때 직함에 '님'이라는 존칭을 붙이지 않는 것이다.

"김 차장, 이건 어떻게 처리할까요?", "박 부장, 오늘 회의 일정 가능하십니까?"라는 식이었다. 늘 깍듯하게 "차장님", "박 부장님"으로 부르던 팀원들은 식겁했다. 동료 하나가 왜 차장이나 부장을 부를 때 '님'을 붙이지 않는지 물었다.

"원래 직함의 장(長)에는 존칭의 뜻이 포함돼 있는 것이기 때문에 직함에 존칭을 붙일 필요는 없다"는 대답이 돌아왔다. 맞는 것일까?

정답부터 말하면 '틀렸다'. 직함은 회사 내에서의 신분을 뜻하는 것이지 그 자체가 존칭이 아니기 때문이다. 또 '님'을 붙이는 것이 우리 정서에 맞다. 굳이 주변을 불편하게 하며 '님'을 빼고 부르는 것은 예의가 아니다.

호칭은 조직의 문화

어떤 회사에서는 직함이 없는 일반직원에게 '사원'이라 붙이기도 하고 어떤 회사는 '주임'이라 부르기도 한다. 그냥 "○○님", "××님"이라 부르는 곳도 있다. 여직원들이 많은 회사에서는 '언니'라는 호칭이 통용되기도 한다. 첫 직장에서 뭣도 모르고 여자선배에게 '언니'라 불렀다가 "여기가 호스티스 대기실인 줄 아느냐"라는 매서운 야단을 들었다는 경우도 있다.

비즈니스에서 호칭은 일종의 '문화'다. 호칭을 바르게 쓸수록 분위기와 인상이 고급스러워지고 격이 높아진다. 반대로 잘못된 호칭을 사용하면 버릇없고 잘못 배운 인상을 주게 된다.

불편하지 않은 것이 존칭과 경어의 기준

호칭은 자신이 속한 집단의 구성원들이 들어 불편하지 않고 자연스럽게 통용되는 것을 기준으로 하면 된다. 그중에서도 일반적으로 적용되는 몇 가지를 알아보자.

우선 직함이 없는 직원들끼리 서로를 부를 때는 '아무개 씨'라 하면 된다. 성은 붙여도 좋고 붙이지 않아도 좋다. 어떤 직종에서는 '선생님'으로 부르기도 한다. 남자직원이라면 동료 남자직원에게 성을 붙여 '김형', '박형'이라 부를 수 있다. 하지만 동네 형 부르듯 이름만 붙여 '아무개 형'이라 부르는 것은 어울리지 않는다. 또 동료지간에 직함이 있으면 '님'은 빼고 '박 과장', '조 차장' 등으로 부르면 된다. 상급자에게는 앞서 내용처럼 '김 과장님', '박 차장님' 등으로 '님'을 붙여 부르는 것이 예의다.

높은 사람 앞에서 그보다 낮은 사람을 말할 때

호칭에만 예의가 있는 것이 아니다. 둘이 대화할 때 제3자를 어떻게 표현하는가도 중요하다. 가장 흔한 실수는 윗사람과 대화에서 그보다 더 낮은 윗사람에 대해 이야기할 때다. 사원이 부장과 대화하면서 과장을 지칭하는 것을 예로 들어보자.

"김 과장님이 그렇게 지시하셨습니다"라고 말하면 틀렸다. 바르게 하려면 "김 과장이 그렇게 지시했습니다"라고 해야 한다. '께서' 등의 극존칭과 경어는 생략하고 직함에서 '님'은 빼고 불러야 한다.

높은 사람 앞에서 그보다 낮은 사람을 이야기할 때는 존칭과 경어를 생략하는 것이 예의.

사장님 말씀이 있겠습니다

행사 등에서 "지금부터 사장님의 말씀이 계시겠습니다"라고 하는 경우도 많다. 역시 틀린 표현이다. 이미 '말씀'이라는 단어에 사장에 대한 높임말이 들어가 있는 것이기 때문에 "말씀이 있겠습니다"로 표현하는 것이 맞다.

과도한 높임, 반복적인 높임은 오히려 값싸 보인다. "말씀이 있으시겠습니다"도 틀린 표현이다. '(윗사람이) 말씀을 하다' 또는 '(내가, 우리가) 말씀을 드리다', 그리고 '(윗사람의) 말씀이 있다'의 세 가지 경우만 존재한다.

내 이름? 부모 이름?

누군가에게 자신의 이름이나 자신의 상사의 이름을 알려줄 때도 자주 틀린다. 다음과 같은 식이다.

"저는 박자 정자 연자라고 합니다."

"저희 사장님 성함은 김자 돌자 쇠자입니다."

모두 틀렸다. 이름자를 하나하나 떼어 표현하는 것은 자신의 부모 이름을 말할 때뿐이다. 그런 경우 성자는 따로 '본은 밀양입니다'라는 식으로 표현해야 맞는다. 상대의 이름을 확인할 때도 "최자 순자 영자 고객님이십니까?"라고 묻는 것도 틀렸다. 모두 상대방이 잘 알아들을 수 있게 또박또박 공손히 발음하면 그것으로 충분하다.

아가씨라 부르면 좋아할 것이라는 착각

남자들 중에는 낯선 여성에게 '아가씨'라 부르는 사람들이 있는데 대부분의 아가씨들은 이 호칭을 불쾌해한다. 아가씨는 원래 처녀의 높임말로 하인이나 종이 주인의 딸을 부르던 말이다. 그러나 이제는 더 이상 높임말로 사용하지 않고 여기저기 쓰면서 경칭(敬稱)이 비칭 (卑稱)이 돼버린 예다.

말이라는 것은 시간이 흐르며 사회와 함께 변화하기 마련이다. '아 가씨'처럼 듣는 사람 누구나 불쾌할 말은 하지 않는 것이 맞지만 애매 한 시점에 걸린 말들도 있다.

"수고하세요"와 "고맙습니다"는 아랫사람에게만

"수고하세요"와 "고맙습니다"의 경우 많은 사람들이 잘 모르고 윗 사람에게 자주 사용하고 있지만 어색하고 귀에 거슬려 하는 어른들 도 적지 않다. 두 가지 모두 윗사람이 아랫사람에게 하는 말이기 때문 이다. 아랫사람이 윗사람에게 이렇게 표현하고 싶으면 "잘 마치시길

바랍니다" 또는 "감사합니다"라고 해야 한다.

왜냐고 묻지 말라니까

'요'만 붙인다고 높임말이 아니다. "왜 그렇게 기분 나빠하세요?"라든가 "대체 왜 그러십니까?"라는 표현은 높임말이 아니라 따지고 대드는 내용이다. 상대에게 이유를 묻고 싶다면 '왜'가 아닌 '어떤', '무슨'이라는 표현을 써야 한다. "무슨 일 있으십니까?", "어떤 상황이십니까?"가 맞다.

팀원에게 업무 약속 시간을 한 시간 일찍 가서 주변 상황을 점검하도록 지시한 적이 있다. 그러나 팀원은 출발할 시간이 되어도 자리를 뜨지 않았다. 이유를 물었더니 "시간낭비 같아서요"라는 대답이 돌아왔다. 당연히 사무실 분위기는 냉기가 돌고 그 이후의 일은 설명하지 않아도 추측 가능할 것이다.

높임말이란 기본적으로 상대에 대한 배려와 자신을 낮추는 겸손의 표현이다. 윗사람의 의견에 반하거나 부당함을 경어를 통해 완화한다는 것은 원칙적으로 불가능하다. 다른 방식의 의견 조율을 고민해야 한다.

Chapter 3

얼굴보다 확실하게 기억되는 첫인상

• 명함 에티켓 •

친구나 애인은 처음보다는 두세 번 볼수록 장점을 찾을 수 있지만 비즈니스는 다르다. 첫인상은 그대로 업무로 이어진다. 반전의 기회는 많지 않다. 단정한 옷차림, 밝은 표정과 말투 등 좋은 이미지를 위한 기본 사항들은 자주 강조하고 의식하지만 명함 매너는 놓치는 경우가 많다. 명함은 처음으로 만나는 상대와 주고받는 인사의 과정이다. 상황 자체가 나와 회사의 첫인상을 보여주는 자리다. 또 상대가 나를 기억할 수 있는 유일한 단서일 수 있다.

나이보다는 직급이 우선

모 기업 임원을 처음 만나는 자리가 있었다. 직원은 나를 임원실로 데려간 뒤 "우리 상무님이십니다. 그럼 말씀 나누세요"라고 한 뒤 사무실에서 나가버렸다.

나도 당황했지만 그 임원도 머쓱해하는 기색이 역력했다. 제대로 하려면, 임원에게 나를 소개한 뒤 내게 임원을 소개했어야 했다. 명함을 주고받을 겨를조차 없이 후다닥 들여놓고 나가버린 것이다. 게다가 그 직원은 틀린 존칭과 경어를 사용하고 있었다.

처음 만나는 자리란 누구에게나 어색하다. 그냥 덜렁 소개만 하고 나가버리는 경우도 그렇고 양쪽에 뒤죽박죽 극존칭 식의 예의를 벗어난 방식은 안 하느니만 못하다. 양쪽 모두 어색하지 않도록 부드럽고 유연하게 소개하고 분위기를 이끌어 가야 한다.

물론 익숙하지 않으면 어려운 일이다. 복잡하다고 해서 대충 끝내버리는 경우도 많다. 경력이 적고 젊은 직원일수록 그런 비율이 높은데, 프로페셔널과 거리가 먼 모습이다. 반대로 소개 자리에서 능숙한 모습은 그만큼 남달라 보인다.

일 대 일이 아닌 여럿이 소개를 주고받는 경우는 복잡하고 어수선해 자칫 실수하기 쉽다. 침착하게 순서를 기억하도록 하자. 제 삼자로서 두 사람에게 서로를 소개할 경우는 여성에게 남성을, 직위가 높은 사람에게 낮은 사람을, 고객에게 상사를 소개해야 한다. 나이보다는 직급이 우선이다.

상사가 고객에게 직원을 소개하는 경우도 있다.

"저는 ○○○사의 ○○○ 부장입니다. 이쪽은 ○○○ 차장입니다."

자신을 소개하고 나서 직원을 소개하면 된다.

연령이나 사회적 지위가 모두 비슷한 경우는 소개하는 사람이 있는 위치에서 가까운 사람부터 소개하면 된다.

명함은 곧 그 사람이다

'진정성'이라는 말을 자주 한다. 가식이나 허위가 아닌 진심의 가치를 뜻한다. 모든 매너의 기본은 '상대의 입장'을 배려하는 것이다. 명함 매너도 마찬가지다. 주섬주섬 뒤져서 앞뒤 구분도 없이 쑥 내미는 (실제로 가장 흔한 케이스다) 명함이 좋게 기억될 리 없다. 명함을 주고받는 목적은 '상대방이 나를 좋게 기억하도록 하기 위해서'다.

필요한 순간에 명함이 없어 쩔쩔매는 일이 없도록 언제나 여유 있게 준비하도록 한다. 또 명함지갑을 따로 사용한다. 명함지갑을 쓰지 않는 경우는 미리 꺼내어 건넬 준비를 해두라. 상대의 눈 앞에서 지갑 속을 뒤지는 것은 예의가 아니다. 또 명함지갑은 언제나 가장 꺼내기 쉬운 위치에 두도록 한다.

어떤 경우 받은 명함을 보지도 않고 다이어리나 수첩 사이 어딘가로 쑥 집어넣기도 한다. 매너 없이 명함을 주는 경우보다 매너 없이 명함을 받는 경우인 것이다. 반드시 두 손으로 받도록 하고, 받은 뒤 명함에 쓰인 회사 명과 직함, 이름을 소리 내어 읽도록 한다. 읽기 어려운 한자나 영어라면 "이 글자는 어떻게 읽습니까?"라고 묻는 것이 예의다.

그 사람이 보는 자리에서 명함에 메모하는 것은 대단한 실례다. 명함은 곧 그 사람이라고 생각하면 된다. 아무렇게나 다루는 모습을 보여서는 안 된다.

지금 다니는 직장이 없더라도 명함은 있는 것이 좋다. 일러스트레이터나 사진작가 등 프리랜서들 중 명함을 갖고 있지 않은 것을 당연하게 생각하는 경우도 있는데, 프로페셔널하지 못한 착각이다. 오히려 자신의 크리에이티브가 잘 살아난 명함을 갖고 있는 것이 더 돋보인다. 미국과 유럽의 전업주부들도 자신의 이름과 연락처가 적힌 명함을 갖고 있다.

Tip 기억하세요!

:: 명함을 건넬 때

· 급작스런 상황이 아니라면 반드시 미리 꺼내 준비하고 있어야 한다.
· 고객 · 윗사람 · 연장자보다 먼저 명함을 꺼낸다.
· 상대에게 바로 읽히는 방향으로 건넨다.
· 여럿에게 동시에 건넬 때는 지위가 높은 순으로 전한다.
· 직함과 이름을 밝히며 명함을 건넨다.

:: 명함을 받을 때

· 두 손으로 명함을 받고 뒤집어 보거나 할 때도 두 손을 사용한다.
· 테이블을 사이에 두고 있다면 미팅하는 동안 테이블 위, 보기 편하면서 나와 가까운 위치에 반듯하게 올려놓는다.
· 상대의 직급과 이름을 가급적 자주 언급하도록 해 친근감을 주고 어색함을 좁힌다.
· 자리를 마무리하고 인사를 나누면서 명함을 명함지갑 등에 집어넣는다.

Chapter 4

아침형 인간보다 점심형 인간

• 12시부터 1시 사이 Golden Lunch-tech •

한동안 아침형 인간 붐이 불었다. 퇴근 후 자기계발에 적극적인 샐러던트의 삶이 이슈가 되기도 했다. 양쪽 모두 '평범한' 우리에게는 어려운 일이다. 하지만 우리에게는 점심시간이 있다. 일단 출근만 하면 주어지는 시간. 12시부터 1시 사이 단 한 시간, 그러나 날마다 돌아오는 시간. 반복을 쌓아 재산을 만들 것인가? 손가락 사이로 흘려보내는 물처럼 만들 것인가?

뉴욕 월가에는 '3(three) 마티니'라는 용어가 있다. 비즈니스를 위한 점심 약속에서 식전 술인 마티니를 세 잔 정도 마시며 용무를 끝내고 본격적인 식사 즐기기에 돌입하는 방식을 말한다. 세계적인 부호나 재벌들은 자신과 점심식사를 할 수 있는 기회를 돈을 받고 팔기도 하는데 워렌 버핏과 대화하며 점심 한 끼를 먹는 가격은 22억 원이다.

리서치 조사에 따르면 직장인 50%가 실제로 점심식사에 사용하는 시간은 15~30분. 그리고 이들 중 50%는 남는 시간에 주로 인터넷서핑이나 게임을 한다고 한다. 그러나 현대사회에서 직장인에게 점심시간이란 단지 끼니를 때우는 용도로만 놓아둘 수 없는 귀중한 시간이다.

매일 활용과 누적이 가능한 20분이라는 시간. 날마다 20분간의 파워워킹으로 건강을 유지할 수 있으며 한 달 최소 두 권 이상의 독서가 누적되면 1년에 24권이다. 주기적으로 반복 가능한 활용방식으로 효과를 볼 수 있고, 장시간 에너지를 집중하고 사용해야 하는 부담감도 덜하다. 직장인에게 점심시간은 휴식과 사교, 그리고 학습의 시간으로 활용할 수 있는 최적의 조건을 갖추고 있다.

오전의 것을 정리하라

점심시간을 활용하는 첫 번째 단추는 '오전의 것을 버리는 것'에서 출발한다. 오전의 것을 오후까지 끌어안고 있지 않도록 한다. 보통 오전은 전날의 일과 그날의 일의 연계선상에서 이것저것 바쁘고 번잡하기 마련이다. 미팅이나 전화 통화, 업무보고 등에 관련해 어수선하게 늘어난 메모지, 우편물, 프린트 등 불필요한 것들을 찾아내 폐기처분하라. 책상 위가 깨끗해지는 것만으로도 오후 일과에 대한 준비가 착실히 되어 있음을 본인 스스로 확인할 수 있다.

또 오전에 진행한 업무를 분류해 타 부서, 부하직원, 유관업체, 아르바이트생에게 넘겨라. 아침부터 오후까지 갖고 있어야 하는 일은 하루가 아니라 몇 날 며칠이 필요한 일이며 그럴 만한 일은 그다지 많지 않다.

점심시간은 비즈니스를 위해 비워두라

일주일에 2회 이상 친하지 않은 사람과 식사를 하라. 대부분의 직장인들은 같은 그룹과 식사를 하는 경우가 많다. 특히 여성들의 경우가 심한데 조직 안에서 폐쇄적인 집단의식은 성공에 전혀 도움이 되지 않는다. 일부러라도 폭넓은 사교성을 만들도록 훈련해야 한다.

가능하다면 한 달에 한두 번 정도 진행 가능한 오찬모임을 만들어라. 사내 인맥 형성 또는 동종업계 모임으로 만들면 좋다. 일종의 커뮤니티 활동이다. 사대문 안 맛집 투어라든가 제철메뉴 시식회, 레스토랑 런치코스 즐기기 등 테마와 이벤트를 계획하면 더 효과적이다. 비즈니스가 목적이라 하더라도 색다르고 신선한 기분을 느낄 수 있어 본인의 업무 집중에도 도움이 된다.

하루 10분, 인맥관리 최적의 시간

인맥관리는 헤드워크(head-work)→풋워크(foot-work)→네트워크(network)라고 한다. 전략적으로 움직여야 좋은 인맥을 만들 수 있다는 얘기. 지속적인 아이디어로 인지시키고 발품을 팔아 몸을 움직여 접근해야 한다. 그러나 직접 발품을 팔아 관리하는 것은 현실적으로 한계가 있다. 또한 지금은 다행히 온라인 인맥관리의 비중이 높아지고 있다. 점심시간을 이용해 온라인 인맥을 관리하자.

가입한 온라인 커뮤니티에 날마다 하루 한 개의 업로드만으로도 충성도 높은 활동을 하는 것이 된다. 직장인으로서 하루에 한 가지 이상의 업로드란 쉬운 일은 아니다. 또 직장이나 비즈니스 관련 커뮤니티에 가입만 해놓고 활동을 하지 않는 유령회원으로 남아있는 경우도 많다. 그러나 필요에 의해 가입한 커뮤니티는 성실히 관리해야 한다.

SNS에서도 점심시간을 이용해 집중적으로 자신에게 온 질문에 대답하고 답을 보낸다. 늦어도 하루 내에 잊지 않고 피드백을 해주는 당신에게 신뢰가 형성되고 커뮤니티의 중심으로 다가가는 발판이 될 수 있다.

비즈니스 메일을 보내라

비즈니스를 위한 안부 메일을 보내는 적절한 시간이 점심 무렵이다. 보통 오전에 출근해 메일을 확인하기 때문에 업무 메일은 오전에 발송하는 경우가 많다. 그러나 오전에는 업무 메일 외에 열어보지도 않고 삭제하는 스팸메일도 많이 쌓여있기 마련이다.

특별한 용건이 아닌 안부 메일이라면 차별화되기도 어렵고 단체 메일로 보낸 듯한 무성의한 느낌을 받게 된다. 점심시간이 지나 오후 업무를 시작하며 메일함을 여는 경우, 도착해 있는 안부메일은 나만을 위해 보내온 메일이라는 인상을 심어줄 수 있다. SNS도 마찬가지다.

점심시간 관련 콘텐츠와 정보가 효과적

함께 일하는 업체 직원의 업무메일은 언제나 날씨라든가 지난 주말의 일과, 오늘의 컨디션으로 시작한다. 사회 경험이 많지 않고 업무적으로 미숙하며 실수도 잦은 편이지만 그런 그의 메일을 받으면 어쩐지 동화되어 도와주고 싶고 이해하려 하게 된다.

비즈니스 메일에 점심시간에 필요한 콘텐츠나 정보를 삽입하면 효과적이다. 예를 들어 "오늘 점심에는 설렁탕을 먹었어요. 줄을 서는 게 좀 번거롭기는 했지만 뜨끈한 국물이 들어가니 쌀쌀한 날씨에 몸이 확 풀리는 것 같던 걸요. 내일도 춥다 하니 뜨거운 국물이나 탕요리 한번 드셔보세요"라든가 "ㅇㅇ에 새로 문 연 식당 가보셨어요? 우동이 아주 맛있던 걸요. 시간 되면 꼭 한번 가보세요"라는 내용을 첨가해보자. 당신의 애티튜드는 상대방에게 확실하게 전달될 것이다.

점심시간의 학습과 독서는 쉽고 재미있게

20~30분 정도의 짧은 시간을 활용한 학습이나 독서는 어렵고 집중력을 요하는 것일 경우 실패할 확률이 크다. 식후의 나른함과 노곤함이 있을 수 있어 가급적 쉽고 재미있는 것을 고르고 대신 폭넓게 섭렵하고 반복하며 끝까지 실행에 옮기는 것을 목적으로 한다.

출퇴근 시 책을 들고 다니면서도 한 권을 다 읽는 것이 힘들고 진도가 잘 나가지 않는다면 점심시간용 책을 하나 더 준비해 두 권을 갖고 다녀도 좋다. 출근용과 점심시간용을 구분하는 것이다. 점심시간에는 보다 쉽고 재미있는 책으로 한다. 리프레시 효과가 있다.

점심시간은 책과 학습 외에 디지털타임으로 활용해도 좋다. 디지털 카메라, 넷북, 스마트폰 등 최신 디지털 기기를 접하고 싶은데 막상 배우고 공부하기가 부담스러운 사람에게 좋다. 주변에 도움을 줄 수 있는 사람이 늘 있기 때문에 더 효과적이다.

놀고 쉬고 자라

대화에는 놀라운 힘이 있다. 대화를 하는 동안 에너지가 솟아나고 피로가 회복되는 경험은 누구나 갖고 있다. 특히 여성들은 대화를 통한 치유효과가 크다. 상사의 눈에 띄지만 않는다면 휴대폰을 들고 옥상이든 휴게실이든 편안한 대상과 오래도록 수다를 떨 수 있는 장소로 가버려라.

낮잠을 자는 것도 좋다. 짧은 숙면은 건강과 업무집중력에 도움이 된다. 시간이 늘 부족한 직장인이라면 밤잠을 짧게 자고 낮잠으로 보충하도록 한다. 하루 세 시간만 잤다는 나폴레옹도 낮잠 마니아였으며 시간을 조각조각 알뜰하게 활용하도록 주장하는 벤자민 프랭클린도 날마다 낮잠을 즐겼다.

건강을 위해서라면 하루 20분의 파워워킹 만한 것도 없다. 특히 지적인 노동을 하는 사람일수록 의도적으로 걸어라. 걷기가 두뇌 휴식의 가장 좋은 방법이라는 사실은 이미 의학적으로도 검증됐다. 하체를 많이 움직일수록 두뇌 활동은 활발해진다. 먼 곳을 식사 장소로 정하는 것도 한 방법이다. 20분 정도 보폭을 넓게 빨리 하여 걸어 당도할 만한 곳에서 식사를 하고 다시 회사로 돌아오는 것으로 충분하다.

점심(點心)은 한자어의 뜻 그대로 마음에 점을 찍는 시간이다. 마지막 5분, 양치질 다음으로 자신을 위한 경구나 조언을 복기하는 시간으로 자투리를 사용해 오후 업무의 준비 태세를 갖추자. 그리고 '뜻하면 이루어진다'는 피그말리온 효과를 경험하자.

Chapter 5

준비만으로도 앞설 수 있다

• 남들이 시간낭비라 생각하는 회의에서 승자 되기 •

월요일 아침마다 최 대리는 예민해진다. 주말 동안 진행된 건을 확인하고 처리하기도 바쁜 시간대임에도 부서별·유관업무별 회의가 세 건이나 줄줄이 붙박이로 잡혀 있기 때문이다. 세 개의 회의를 모두 마치고 나면 어느덧 점심시간이다. 오후에는 오전에 처리하지 못한 건들의 뒤처리로 하루를 보내야 한다. 업무 효율을 앞세워 조정하고 싶지만 짬밥도 안 되고, 정기적인 한 주의 보고를 위해 모두 모일 시간이 이때밖에 없어서 등 각각의 이유로 어쩌지 못하고 있다.

직장인 중 50%가 '회의'를 시간낭비라고 여긴다. '별로 중요하지도 않은 안건'을 가지고 '사람들을 모아' '별 소득 없는' 결과물을 내기 때문이다. 굳이 회의가 필요하지 않은 일인데도 조직 내의 어떤 연유로 인해 회의 과정을 거쳐야 하는 경우도 많다. 많은 CEO와 기업들이 이를 혁신해 발전과 성장에 영양가 있는 회의 문화를 만들고자 노력하고 있다.

그러나 당장 나, 우리 팀, 우리 회사는? 억지로 끌려가 앉아 입은 꽉 다문 채 휴대폰이나 만지작거리며 시간을 허비하고 있지는 않은가?

회의 전 인폼을 돌려라

"이따가 11시부터 회의할 거니까 회의실 잡아놔."
"무슨 회의요?"
"이번 회사 야유회 프로그램 짜야 돼."
"김 과장님과 조 대리님은 외근 중이데 저희끼리요?"
"오늘밖에 시간 없어. 그냥 해. 그리고 작년과는 확실히 다르고 재미있는 게 나와야 돼."

이런 식으로 회의가 잡히면 좋아할 사람은 단 한 명도 없다. '확실히 다르고 재미있는' 것도 나올 리가 없다. 물론 회의를 급하게 잡을 수는 있다. 그러나 방식과 절차가 틀렸다.

회의가 필요한 안건이 생기면 회의 주제와 필요한 준비에 대한 인폼(inform)을 만들어 돌려라. 인폼은 회의 자료 역할도 겸한다. 길고 장황한 서식도 필요 없다. 자세한 회의 준비 내용이 기술되어도 좋지만 간단히 주제를 정리한 것이면 족하다. 사전에 고지한다는 것이 중요하기 때문이다.

A4용지에 회의 주제와 시간·장소만 명시하고 하단을 비운 채 나눠주면 오히려 창의적인 발상과 자유로운 의견 개진에 효과가 있다.

회의 목적을 분명히 하라

인폼에 주제와 목적하는 바를 정확히 명기하라. '야유회 프로그램 제안' 이라는 막연한 주제보다는 '야유회 프로그램 중 부서별·직급별·성별 참여 가능한 안 각 하나씩'이라는 식으로 구체적으로 제시하라.

또 목적에 따른 결과물이 도출되도록 해야 한다. 당연한 말 같지만 준비 없이 이뤄지는 대부분의 회의는 결과물도 그냥저냥일 때가 많다. 제대로 된 결론을 보지 못하고, "그럼 오늘은 여기까지만 하고 구체적인 제안은 각자 페이퍼로 내도록 하지요"라고 한다면 그야말로 지금까지 시간낭비를 한 것일 뿐.

어떻게 해서든 회의 목적에 맞는 결과물을 정리하도록 한다. 10개를 목적으로 했는데 6, 7개 정도밖에 못 만들 수는 있다. 하지만 10개가 다 채워지지 않았다고 해서 회의를 미루거나 다시 준비해서 모이자는 식이면 안 된다. 모자란 세 개를 위한 회의만 준비하도록 한다.

가능한 한 적은 수를 소집하라

스마트 미팅의 골자는 최소한의 인원이 짧고 스피디하게 끝낸다는 것이다. 회의실의 의자를 치우고 선 채로 진행하는 '스탠딩(standing) 회의'도 있다.

회의 주제와 목표가 정확하면 거기에 필요한 참가자도 구체적이 된다. 소수정예의 원칙을 지켜라. 불필요한 사람까지 데려다 앉혀 놓으면 자기 분야가 아닌 탓에 적극적인 아이디어 개진은커녕 침묵과 무반응으로 회의 분위기 저하까지 초래할 수 있다. 그리고 회의 후 '쓸데없는 회의'라는 불평불만과 뒷담화는 대부분 이런 사람들에게서 나온다.

정시에 시작하라

직장인이 가장 싫어하는 것이 점심 먹으러 나갈 때 미적거리는 사람, 회의 시간에 늦는 사람이다. 사내에서 욕먹고 싶다면 회의한다고 모아놓고 10분, 15분씩 사람들을 기다리게 하면 간단하다.

회의를 주재한 사람은 회의 참여자가 전부 모이지 않아도 반드시 정시에 시작하도록 한다. 물론 회의 참석자도 시간 엄수는 기본이다. 참석자 수가 적어 도저히 진행이 어렵다면 차라리 회의를 미루고 다시 스케줄을 잡도록 한다. '언제 또 다시 모으나' 싶어 기다렸다가 진행하는 것보다는 이 편이 나태한 마음으로 늦은 사람들에게 각성과 자극 요소가 될 수 있다.

끝내는 시간을 정하라

회의 말미에 분위기를 부드럽게 하고 싶다고 사적인 대화를 길게 늘어놓는 사람들이 있다. 또 회의 결과가 제대로 도출되지 않았다고 "뭐 더 없나?", "더 없겠어?"를 반복하며 사람들의 진을 빼는 경우도 많다. 그러나 그렇게 해서 나오는 아이디어는 쓸모없는 경우가 태반이다.

가급적이면 짧게. '3분 회의', '10분 회의', '15분 회의' 등 시간을 미리 정한다. 회의 시간을 미리 정해 놓으면 참가자들의 마음가짐도 여유 있고 회의에 대한 부담이나 불평도 줄어든다. 또 아무리 중요한 안건이라 하더라도 1시간은 넘지 않도록 한다. SK C&C에서는 효율적인 회의 문화 개선을 위해 아예 타이머를 회의실 테이블에 비치해 두기까지 한다. 결과물이 잘 나오지 않았더라도 회의는 약속한 시간에 종료하고 다시 회의 스케줄을 잡도록 한다. 그런 경우 참가자들은 좀 더 준비를 해오게 된다.

물론 장시간 마라톤 회의가 필요한 경우도 있고 1박이나 2박짜리도 가능하다. 3분에서 3박까지 회의 시간을 정하는 기준은 안건의 중요도다. 간단한 안건일수록, 구체적인 내용일수록 굵고, 짧게.

프로페셔널하게 입어라

회의 장면을 보면 그 기업의 수준을 알 수 있고, 회의 참여 태도를 보면 그 직원의 능력을 알 수 있다. 아무리 편한 사내 미팅이라 하더라도 재킷이나 유니폼 상의를 챙겨 입는 것이 매너다. 또 슬리퍼를 찍찍 끌며 회의실로 들어서는 사람보다는 정상적으로 입고 신은 사람이 긴장감 있고 성의 있어 보이는 것은 당연지사다.

수첩과 필기구를 챙기는 것은 기본 중의 기본인데, 놀랍게도 어떤 회사 어떤 회의에나 항상 빈손으로 들어오는 사람들이 반드시 한 명씩은 꼭 있다는 사실. 또 회의 테이블에 앉아서도 가져온 수첩이나 다이

어리를 고이 얹어두고 절대 펼치지 않는 사람도 많다. 회의 테이블에 앉으면 일단 필기준비를 하고 메모하는 자세를 취하도록 한다. 말하는 사람은 자기 의견에 대한 확신이 서고 회의 분위기도 적극적이 된다.

평가하지 말고 의견을 말하라

회의 때 가장 꼴불견은 자기 의견만 내세우는 사람과 남의 의견에 딴죽을 거는 사람이다. 회의 때 삐딱한 것은 그래도 낫다. 회의 끝나고 "걔는 그게 뭐 아이디어라고…"라는 식의 뒷담화는 더 곤란하다.

회의는 각자의 생각을 공유하고 그 과정에서 좋은 것을 취사선택하는 자리다. 남들이 다 열심히 준비해서 의견을 주고받을 때 입 꽉 다물고 아무 소리 안 하다가 다른 사람의 의견을 평가하고 지적하지 않도록 한다. 또 회의 결과에 대한 불만을 노골적으로 드러내서는 안 된다. 결과물이 마음에 들지 않거나 문제가 있으면 정식 절차를 밟아 조절하거나 혹은 수긍하는 것이 맞다.

휴대폰을 꺼내지 마라

회의 중 휴대폰 사용이 비(非)매너로 겨우 자리를 잡는가 싶었는데, 스마트폰 덕에 다시 무용지물이 된 듯하다. 스마트폰의 장점이 멀티태스킹이긴 하지만 회의를 위한 휴대폰 사용이 아니라 그냥 문자 보내기, 메일 확인 등에 쓰이고 있는 경우도 많다.

꼭 필요한 순간이 아니면 휴대폰을 꺼내지 않는 것을 원칙으로 하고 회의 중 필요하다면 "그럼, 지금 바로 확인해보죠"라는 식으로 공식적으로 사용하도록 한다. 아무리 자유로운 분위기라도 회의 도중 개인적인 휴대폰 사용은 절대 프로페셔널해 보이지 않는다.

Chapter 6

팀 플레이로 성과 올리기

• 나만 잘났다고 되지 않는 '복불복' •

분명히 잘나가는 팀이 존재한다. 특별히 인간적으로 친한 것 같지도 않고 한두 명 일 잘하는 사람이 눈에 띄긴 하지만, 결과적으로 '팀 성과'로 비친다. 그 팀의 구성원들은 후광이 비치는 것만 같다. 부럽다. 나도 그렇게 팀의 후광을 받으며 돋보이고 싶다. 우리 팀도 그렇게 잘나가는 팀이었으면 좋겠다.

팀플레이의 장점은 '묻어갈 수 있다'는 것이다. 반면 나 혼자 아무리 열심히 해도 다른 팀원들이 받쳐주지 않으면 소용이 없다. 그렇다고 팀을 바꿔 달라 소명할 수 있는 기회란 거의 없다(대부분의 회사가 그렇게 했다간 매장당하기 쉽다). 장기적으로 작업을 해서 팀을 옮기려다 윗선의 라인이 바뀐다든가 기밀이 누설돼 더 큰 곤경에 빠지기도 한다.

튀는 사람, 잘난 체 하는 사람, 사람들과 융화하지 못하는 사람은 제

아무리 능력이 뛰어나도 도태당하기 쉽다. 일 잘하는 것은 기본이고 거기에 인간성도 갖춰야 한다.

한편 기업은 끊임없이 유기적인 조직개편을 추구하고 있다. 아랫사람보다 윗사람이 먼저 바뀌는 환경이며 더 이상 '제왕적 상사'는 반기지도 존재하지도 않는 세상이다. 이런 세상이니 팀플레이만이 살길일지도 모른다. 하지만 그만큼 팀플레이가 잘 되기도 어려운 일이다.

사실 우리는 직장에서 아노미를 겪고 있다. 업무 환경은 유기적으로 멀티플하게 변화하는데 하드웨어는 아직 굴뚝 시대의 마인드에 사로잡혀 있는 것이다. 팀과 팀, 팀원과 팀원 관계를 수직적으로 이해하고, 프로세스를 수동적으로 받아들이고, 변수에 대해서는 배타적인 자세를 취한다. 경력이 오래됐거나 직급이 높은 경우 '예전에는 안 그랬는데'라는 말을 자주 입에 올리지는 않는가? 혹은 그런 생각을 전혀 갖지 않는다고 자신할 수 있는가?

변화는 필수다. 특히 팀의 성과로 평가되는 조직에서는 더욱 그렇다.

같은 팀원에게는 좋은 말만 하라

비즈니스에서 긍정의 대화법은 만능의 키(key)다. 뭔가 마음에 들지 않을 때 "이건 아니지"라고 말하지 말고 "이것도 괜찮긴 한데, 내용상 좀 더 이러저러한 방향으로 집중되어야 하지 않을까?"라고 한다든가 "팀장님, 그것보다는요"라고 하기보다는 "팀장님 말씀대로 하면 이런 방법도 있습니다"라고 표현하는 식이다.

윗사람에게는 공손하게 잘 하지만 아랫사람에게는 긴장감이 떨어져 무심결에 상대의 의견을 무시하는 말이나 행동을 보일 수도 있다. 그러나 소문과 평판의 발원지는 대부분 아랫사람이나 후배들이다. 심지어 그들은 어지간한 일도 부정적으로 바라보고 표현한다. 반면 생산적인 팀플레이의 원동력이 그들이기도 하다.

칭찬은 아무리 해도 모자라지 않다. 좋게, 좋게. 나쁜 말은 뒤로 미뤄두어도 괜찮다.

상사의 솔선수범은 가려가며 하라

상사, 선배, 또는 일 좀 한다는 사람들이 자주 저지르는 실수가 직접 팔 걷어붙이고 나서서 처리하고 해결하는 것이다. 막내, 후배, 지원업무일 경우는 권장할 만한 일이지만 그 외의 솔선수범은 미덕이 아니다. 상사 또는 인재의 솔선수범은 팀원들의 의욕을 꺾고 수동적으로 만들기 때문이다. "윗사람들이 알아서 하겠지"라는 마음을 갖게 만드는 것이다. 가만히 있어도 일이 돌아가고, 괜히 나서서 그보다 잘할 자신도 없고, 귀찮은 마음도 든다.

팀플레이가 잘되기 위한 첫째 조건은 각자 역할에 대한 책임감과 성취에 대한 동기 부여다. 능력이 되고 노하우가 있다면 담당자에게 가르쳐 주고, 문제가 생겼을 때 지원하고 처리하면 된다. 솔선수범보다는 스마트한 역할 분담이 더 중요하다는 사실을 잊지 말자.

파이를 키워 나눈다는 공통의 목표

신자유주의자들이 외치는 '파이를 키워서 나눠 갖자'는 것은 팀플레이에서야말로 명확한 금과옥조다. 팀플레이가 안정권에 도달하면 그 다음부터는 일사천리다. 개인의 능력차는 팀 성과 안에 녹아들고 팀 성과가 탄력을 받으면 그 공은 다 팀원들에게 골고루 분배된다.

특히 불평불만이 많은 팀원에게는 지금 하고 있는 일의 중요성, 결과물이 가져오는 혜택과 이후의 편의에 대해 주지시켜야 한다. 부정적인 팀원은 팀플레이의 적이기도 하다. 실험해 보면 긍정적인 이야기보다 부정적인 이야기가 쉽고 빠르게 확산된다. 부정적이고 불평불만이 많은 팀원을 교체할 수 없다면 어르고 달래서라도 다른 팀원에게 네거티브(negative) 바이러스가 전파되는 것을 적극적으로 막아야 한다.

또 스스로 엘리트라 자부하는 팀원에게도 공통의 목표를 통한 성취동기를 부여해야 한다.

악법도 법, 로마에서는 로마법을

팀 간, 부서 간 협업 시(때로는 업체 간도 해당된다) 발생하는 의견과 문화의 차이는 최대한 수용하고 받아들이도록 한다. 무엇이 옳고 그른가를 따져 합리적인 방안을 모색하는 것도 좋지만 문화는 하루아침에 바뀌는 것이 아니다. 단번에 바꾸기에는 리스크가 크고 그 과정에서 합리보다는 감정적으로 대립하거나 소모적으로 되기 쉽다.

수직적으로 관계를 생각하는 것도 비합리적이다. 일단은 가장 빨리 성과를 가져올 수 있는 방법을 택하고, 그 과정에서 나오는 리스크와 불합리한 상황이 반복될 때 그와 관련된 룰을 만들거나 규정하는 것이 자연스럽다. 굳이 십자가를 져봤자 생색은커녕 욕만 먹기 쉽다는 얘기다.

분노는 모든 노력을 물거품으로 만든다

많은 사람들이 분노를 조절하고 감정을 제어하지 못해 벌어진 일로 하루아침에 자리에서 물러나거나 치명적인 리스크를 감수하는 것을 자주 보고 있다. 순간의 분노는 당신이 1년, 2년, 3년, 10년 동안 쌓은 공과 노력을 순식간에 무너지게 할 수 있다. 선배들에게는 예의 바르고 성실한 당신이 어느 한순간의 폭발로 후배들에게 무지하고 무식한 선배가 되어버리는 것이다. 자기 부서에서는 스마트한 인재가 타 부서에서는 '또라이' 취급을 당할 수 있고, 업계에서는 인구에 회자되고 있을지도 모르는 일이다.

상사라고 해서 서류철을 집어던지고 큰 소리로 호통을 쳐도 그러려니 받아들이는 직원이 몇이나 될 것 같은가? 이제는 드라마에서나 볼 수 있을 법한 모습이다. 분노를 억제하고 잠재우고 조절하는 훈련은 필수다. 특히 협업 관계에서는 더욱 중요하다.

들어주고 배려하고 지원하라

문제가 생겼을 때, 논의해야 할 사항은 사실 '어떻게 해야 하는가?' 이지만, 대부분의 사람들은 핑계 대고 미루고 변명하기 급급하다. 그럴 때 면박을 주거나 무시하기보다는 일단 들어주자. 물론 문제 해결에는 별 도움이 되지 않지만 들어주는 것만으로도 관계는 50보 진전하게 된다.

들은 내용은 다시 정보가 된다. 상대의 정보를 파악한 다음에는 그 정보를 토대로 배려하고 지원할 수 있는 것이다. 능력 부족으로 더 이상의 성과가 나오지 않을 때, 독촉하고 닦달하는 것은 아무 의미가 없다. 대신 입수한 정보를 토대로 상대를 배려하고 북돋운다면 서로의 관계는 발전하고, 팀 분위기는 긍정적으로 활성화될 것이다.

배려가 인간적인 관계를 발전시킨다면 지원은 능력의 발휘로 이어진다. 지원의 과정을 통해 당신의 능력이 발현되고 자연스럽게 표현될 수 있다는 얘기다. 안티 없이, 시기와 질투 없이 오로지 칭찬으로 포장될 수도 있다.

정보는 공개하고 공유하라

세대와 직급 차가 있을 때 흔히 발생되는 일이 정보를 공개하지 않는 문제다. 한마디로 '쥐고 있는' 것이다. 과거에는 이것이 통했다. 개인의 노하우이자 관록의 상징이었다. 그러나 지금은 검색 엔진 몇 번만 돌려도 어지간한 세상 정보는 다 습득 가능한 시절이 되었다.

관록으로 쌓은 정보가 있다면 아낌없이 공개하고 공유하는 것이 맞다. 그 과정을 통해 관록을 인정받고 능력을 표현할 수 있다. 아끼며 숨겨놓은 정보는 이미 다른 이들에겐 그렇게 중요하지도 않을 뿐더러 도가 지나칠 경우 "그까짓 게 뭐 그리 대단하다고"라며 폄훼될 수도 있다.

선배와 상사는 팩트나 하드웨어적인 것으로 우월을 유지하려 하지 말고 정확한 판단과 결정, 처리 방식으로 존경받을 수 있어야 한다. 나눠주고, 오픈하는 태도를 보임으로써 그 자체로 인정받을 수 있어야 한다.

Chapter 7

똑똑한 미꾸라지 되기

• 과도한 업무, 요령 있게 벗어나려면 •

과도한 업무량 때문에 다니던 직장에 불을 지른 어느 남자의 방화 사건이 기억나는지? 해도 해도 끝이 없는 일더미에 치여 머슴처럼 일해도 생색은커녕 더 많이, 더 빨리 채찍질이라도 당하게 되면 '아, 이놈의 회사 확 불 질러 버릴까' 하는 푸념은 누구나 할 수 있다. 하지만 정말로 실행에 옮기다니!

"일이 없는 것보다야 낫지"라고 말한다. 원가절감, 생산 효율 증대를 위해 줄어든 인원, 시스템에 대한 투자는 한없이 미적거린다. 당연히 개인의 업무량이 가중되기 마련. 야근을 하지 말라는 취지에서 대부분 기업에서는 야근수당을 없앴지만 야근수당 없이 야근만 하는 결과를 초래하고 있다. 하지만 이왕 하는 것 잘하는 건 기본이고, 하고 나서 생색도 나고 칭찬도 받아야 하지 않은가? 일은 많고, 피할 수는 없고, 하고는 있는데 억울하기만 하다면? 요령이 없다는 얘기다.

공개적인 투덜거림을 멈춰라

A팀에 폭탄이 떨어졌다. 한 달 동안 해도 모자랄 일을 2주 안에 해내야 한다. '안 되는 게 어디 있어'라는 정신력으로 시작은 했는데, 물리적인 시간도 모자라고 업무 강도도 높다. 그리하여 A 팀장은 아침부터 저녁까지 입에 불평불만을 달고 산다. A 팀장은 사실 맡은 단계를 최대한 빨리 처리하고 다른 팀으로 넘겨버리고 싶다. 그래서 사전에 자신이 얼마나 이 일을 힘들게 하고 있으며, 자신은 물론 팀원 모두가 참으로 어렵게 처리하고 있다는 어필을 하고 있다.

그러나 A 팀장의 방법은 틀렸다. 그의 과도한 어필로 인해 다른 팀들은 '아, 저 일은 절대 맡아서는 안 되는 프로젝트구나'라는 경계심을 갖게 됐기 때문이다. 다른 팀들은 A팀의 일이 마무리돼갈수록 그 일이 자신들에게 돌아오지 않도록 긴장해 여러 장치를 마련하고 있을 것이다.

정말 어려운 일은 누가 해도 마찬가지

어차피 그토록 어려운 일이라면 누가 해도 답은 없다. 잘해도 티 안 나고, 못하면 골치 아프기만 하다. 그럴수록 조용히, 평화롭게 보여라. 복잡할수록 물 밑에서. 그래서 모두가 안심하고 있어야 넘길 수 있다. 정말로 어려운 일이라서 다른 팀으로 넘어가 문제가 드러난다면 오히려 당신의 능력이 돋보일 수도 있다.

또 어렵고 복잡한 일은 상대적인 평가가 어렵다. 즉, 못해도 그다지 티가 나지 않는 것이다. 하는 시늉만 하거나 대충 해도 잘 모른다. 하지만 윗사람이 잘 모르는 분야일 때만 가능하다. 또 클라이언트라든가 다른 유관 부서에서 문제가 될 수 있는 건인지 정도는 파악해야 한다.

고과와 평가는 어떻게 하나

무리한 일이 주어져도 거부하거나 드러내기 힘든 이유는 고과 등 평가 때문이다. 회사나 평가자는 일단 '시끄러운 것'을 싫어 한다. 부족하더라도 묵묵히 조용히 일을 처리해나가는 사람을 원한다. 어려운 일인 줄 그들은 알고 있다. 하지만 이미 다른 팀이나 다른 회사도 '다 그렇게 한다'. 회사에서는 그가 할 만하다고 생각해 일을 준 것이기 때문에 불평하는 직원은 유별스럽다고 생각한다.

처음부터 어려운 일이었다면 더욱 그렇다. 어려운 일을 시킨다는 것은 업무적으로 신뢰한다는 뜻이기도 하고 그 정도는 당연히 해내야 한다는 기대치도 포함돼 있다.

일단 겉으로는 아무 문제가 없는 척 하라. 누가 물어보면 "잘 돼가고 있습니다"라고 답하라. 그러면서 야근과 특근을 하고 있다면 그만큼 프로페셔널해 보일 수밖에.

떠안고 있지 말고 분산하고 시켜라

일이 많은 사람, 일이 많은 부서의 문제는 일은 나누지 않거나 나누지 못한다는 공통점이 있다. 그러나 세상에는 '꼭 내가 아니면 안 돼'라는 일은 없다. 윗사람은 아랫사람에게 시키고 아랫사람은 더 아랫사람에게 시켜라. 또는 유관부서와 관련부서, 하청업체와 일을 나눠라.

TF팀이 제안서를 작성하는 경우를 생각해보자.

A팀의 팀장은 팀원들이 조사한 자료를 파워포인트로 정리하고 작성하느라 2주일, 열흘, 주말도 없이 일해야 한다.

B팀은 회의를 통해 각자 가장 쉽고 짧게 접근 가능한 역할을 분담하고 해당 분야별 제안서까지 작성하도록 한다. 그리고 B 팀장은 각 제안서를 취합한다. 취합하는 과정에서 누락된 것은 없는지, 연결이 자연스러운지는 회의를 통해 팀원들의 의견과 평가를 반영한다.

어느 쪽 TF팀의 일적 하중이 더 높은가?

직급이 올라갈수록 실익보다는 책임의 비중이 많아지기 때문에 돌아가는 업무를 모두 파악하고 있어야 하는 것은 당연지사지만, '업무 파악＝세세한 모든 것 관여'는 아니다. 이 일이 제대로 돌아가고 있는지에 대한 메커니즘을 잘 인지하고 운용하라는 얘기다. 말단직원 업무 보고서의 문맥을 일일이 고치고 있는 중간관리자들은 특히 잘 기억할 것.

작은 걸 받고 큰 것을 피하라

세상에 정해진 일만 하고 살 수는 없다. 예상치 않은 일이 툭툭 던져졌을 때 어떻게 대처하느냐가 능력의 척도가 되기도 한다. 그렇다고 모든 일을 받아들일 수는 없다. 직장생활을 하다 보면 얄밉게 요리조리 빠져나가는 사람도 있고 곰처럼 주는 대로 묵묵히 받아들이는 사람도 있는데 장기적으로 보면 후자가 언젠가는 보답을 받겠지만, 그 전에 업무량에 치여 먼저 퇴사하게 될지도 모른다.

오는 일에 대해서는 일단 받아들이는 자세를 취하는 것이 좋다. 그리고 가급적 작고 가벼운 것들을 우선적으로 받아라. '주는 대로 다 받으면 으레 그런 줄 안다'라는 의심도 들 수 있다. 어느 정도는 사실이다. 하지만 소화 가능한 업무는 연속적으로 받아도 된다. 그래야 큰 건이 왔을 때 우선적으로 피해갈 수 있는 구실이 된다. 또 작고 가벼운 업무의 경우 만약 중요한 건을 맡게 된다면 다른 대처방안을 찾거나 손쉽게 토스하는 데 어려움이 없다. 문제가 생겼을 때 책임 소재도 가볍다.

문제제기와 업무조정의 균형 맞추기

앞서의 A 팀장에게 또 다른 일이 맡겨졌다. 바쁘다는 얘기를 입에 달고 사는데도 비중이 작다는 이유로 일을 더 받게 된 것이다. 피해가기도 힘들다. 잘 살펴보니 비슷한 비중의 다른 작은 건 하나가 눈에 띈다. 이 정도면 다른 팀에 넘겨도 별 무리 없을 것 같다. 고양이 손이라도 빌려야 하는 상황이라 이 건 하나만이라도 좀 덜어내야겠다 싶어 결국 임원실 방문을 노크하기에 이른다.

"새로 일을 맡으려면 지금 상태에서는 불가하니 이 건을 빼주세요."

그러나 A 팀장의 요구는 관철되지 않았고, 임원으로부터 불신만 얻게 됐다. '불평불만 많은' 인물로 찍힌 것이다.

작은 걸 받고 큰 걸 피하거나, 큰 걸 받았을 때는 큰 건을 딜(deal)해야 한다. 작은 건은 장기로 치면 '졸'이다. 하면서 생색내는 방패막이다. 물론 작은 걸 받는 대신 큰 걸 빼달라고 하는 경우도 세상에는 흔하다. 다만 모든 업보는 자신에게 돌아올 뿐.

물리적 하중보다 주변의 인식이 우선이다

조직은 철저하게 상대적이다. 늘 비교하고 비교당한다. 똑같은 업무 혹은 더 많은 업무량에도 누군가는 칭찬을 받고 누군가는 묻혀 있는다. 나와 우리 부서만으로 기준해서는 안 된다.

다른 팀과 비교해서 판단하라. 일을 거절을 할 때는 최근 다른 팀에서도 업무를 거절한 경우가 있는지를 살펴보라. 받아들여졌는지 여부까지 챙기면 더 좋다. 무작정 '누구는 해주고 누구는 안 해주나'라는 즉자적 감정은 갖지 말 것. 또 우리 팀이 상대적으로 특혜를 받고 있다는 인식이 회사에 존재한다면 조심하는 것이 좋다.

어차피 해야 하는 일이다. 피해갈 수 없다면 즐기지는 못하더라도 야무지게 챙기기라도 해야 한다.

Chapter 8

눈치 야근, 어떻게 피하나

• 욕 안 먹고 깔끔하게 퇴근시간 챙기는 비법 •

해야 할 일과 할 수 있는 시간의 균형이 딱딱 들어맞기는 힘들다. 또 회사생활에서는 내 일만 할 수 있는 것도 아니고, 네 일, 내 일의 구분도 각자 기준이 다르다. 그러다 보니 야근을 하게 된다. 야근 자체를 업무 스케줄 안에 넣어야 하는 경우도 부지기수다. 내 일만 깔끔하게 처리하고 남의 눈치 안 보며 퇴근할 수 있는 아름다운 직장, 선택받은 몇몇을 제외하고는 욕 안 먹고 눈치 야근과 부당 야근을 피해가는 요령이 필요하다.

CASE1

조 대리가 가져간 보고서가 박 과장은 마음에 안 드는 눈치다. 결국 이런저런 지청구를 늘어놓다가 "시간이 부족했다"라는 조 대리의 변명에 한마디 덧붙인다.

"야근도 좀 하고 그래야지. 다 같이 바쁜 세월에 어떻게 업무시간에만 해결하려고 그러나."

평소 성실하게 자기 맡은 일을 해내는 타입이지만 대신 어지간해

서는 야근을 하지 않는 것이 조 대리의 업무스타일. 결국은 이 때문에
한소리 들은 셈이다.

CASE2

오 과장은 일 잘하기로 평판이 자자하다. 개인적인 약속이라도 있으
면 그야말로 칼퇴근이다. 가방 들고 나가려는 오 과장을 상사가 붙잡
고 업무 스케줄을 확인하면 100% 이상이 없거나, 당일 내에는 달라질
것이 없는 상황 또는 내일 확인만 하면 되게 해놓았다. 상사 입장에서
는 깨려야 깰 수도 없고, 후배들에게는 귀감이 아닐 수 없다.

CASE3

뭐 한 가지 업무가 던져지면 야근부터 시작하는 김 대리. 바쁠 때는
1주일 내내 보름 내내 야근이다. 팀원이 그러고 있으니 팀장은 먼저
일어나기 망설여지고 후배들은 뭔가 자신들의 일이 가벼워 보이는
것 같은 분위기를 인정하고 싶지 않다.

능력과 성실함을 인정받는 것도 아니다. 별 것도 아닌 일을 질질 끌
며 야근을 하고 늘 초췌한 모습으로 "아, 어제 야근을 하는 바람에…"
를 입에 달고 산다. 다들 그냥 그는 능력이 부족한 사람으로 여긴다.

습관적인 야근은 독이다

왜 야근을 하는가?

1. 오늘 꼭 처리해야 하는 스케줄이라서

2. 팀장이나 팀원이 야근을 하기 때문에

3. 내가 너무 야근을 안 한다는 인상을 주는 것 같아서

4. 미리 업무를 처리해두고 잡혀 있는 개인 스케줄을 지키고 싶어서

5. 그냥

1번 답이 가장 모범적이고, 2번이나 4번도 직장에서 있을 법한 방식이다. 그런데 문제는 5번일 때다. CASE3의 김 대리가 전형적인 예다. 아무리 야근을 열심히 해도 능력을 인정받기는커녕 부서 분위기를 해하고 남들을 곤란하게 만든다. 실제로 습관적으로 야근을 하는 사람 중 높은 업무 성과를 보이는 경우는 거의 없다.

다들 활기차게 하루 업무를 시작하려는 아침, 부스스 초췌한 모습으로 때로는 찌든 담배 냄새까지 풍기며 "아, 어제 야근 너무 피곤했어"라고 투덜거리는 팀원을 상상해보라. 우울하고 음습하기 짝이 없다. 설령 그렇게 열심히 야근을 하여 업무를 처리했어도 '능력 있다', '성실하다'고 인정받긴 어렵다는 얘기다.

꼭 해야 하는 야근을 빠지는 것은 문제

CASE1의 조 대리는 좀 억울할 것이다. 상사가 까칠하게 트집을 잡았을 수도 있겠지만, 많은 경우 '야근의 필요성에 대한 각자의 기준이 다를 확률이 높다. 야근 좋아하는 상사는 점차 줄어가고 있는 추세다.

팀원들이 적당히 야근해가며 일을 척척 해내는 게 제일 좋다. 그런데 여기서 '적당히'의 기준이 문제다.

조 대리가 생각하기에 이 건은 현재의 정도로 접근하면 되는 일이었을 것이다. 그러나 상사의 기대치는 더 높았고, 그 일 때문이든 그 전부터든 야근을 하지 않고 퇴근하는 조 대리가 눈에 띄었다는 얘기다. 즉 상사가 '야근을 해야 하는 타이밍인데 야근을 하지 않네?'라는 의구심을 갖게 된 것이다.

직장인은 이런 게 어렵다. 이런 신경을 쓰려다 '눈치 야근'을 하게 되고 직장 스트레스로 이어지기 때문이다. 조 대리의 경우 상사는 일적 완성도가 떨어졌기 때문에 야근에 대한 질책을 할 수 있었다. 야근을 하지 않고 제대로 된 보고서를 가지고 왔더라면? 그래도 상사가 잔소리를 할 수도 있었을 것이나 적어도 야근 문제를 들먹이지는 않았을 것이다.

때로는 우정야근도 필요하다

야근 좋아하는 사람은 없다. 어차피 해야 하는 야근이면 즐겁게 하자. 입이 댓 발씩 나와서 투덕투덕 자판이나 두드리고 있는 한밤의 사무실 풍경은 생각하기도 싫다. 소규모 그룹이라면 적당히 쉽고 간단한 일을 도와주겠다며 나서는 것도 좋다. 그 효과는 가히 폭발적이다. 당신은 순식간에 인정 많고 착하고 선배나 후배를 도와주는 훌륭한 조직원으로 급부상하게 된다. 최소한 '말이라도 예쁘게 하는' 팀원이 되는 순간이다.

돕고 나누고 할 업무가 아니더라도 우정야근의 액션을 살짝 취해보라. 길게 할 필요도 없다. 한 시간 남짓, 조금 밀린 업무라든가 미리 챙겨두어야 할 것을 점검하는 정도만으로 당신은 깔끔하고 부서 분위기 잘 챙기는 성실한 직원이 될 수 있다.

당신의 업무가 아니라서 "그럼 저는 이만" 하고 먼저 자리를 뜨는 일이 몇 번 반복되었을 때 '저 친구는 야근을 안 하네'라는 인식을 주거나 그러다 억울한 소리를 들을 수도 있다. 이런 우정야근이 '그냥' 야근과는 어떻게 다를까? 다른 팀원이 야근을 하는가 안 하는가, 야근을 하는 팀원이 스스로 부당하고 답답해 하는가 아닌가에 따라 달라진다.

우정야근은 단지 곁에 있는 것만을 말하는 것이 아니라 '야근을 즐겁게' 만드는 액션을 포함한 것이다. 간식으로는 초콜릿과 귤처럼 단 것과 비타민C가 많이 든 것이 좋다. 졸음과 피로를 쫓고 뇌의 활동을 원활하게 만든다. 끝난 다음엔 피곤한 야근을 즐겁게 마무리할 수 있는 '치맥파'를 만들어도 좋다.

🧊 제일 좋은 것은 역시 야근 없이 일 잘하기

업계에 일 잘하고 똑똑하기로 소문난 선배가 있었다. 하도 잘나서 친구가 없을 정도였다. 그렇다고 일에만 올인하는 것처럼 보이지도 않았다. 만날 빈둥거리는 것 같기도 하고 개봉영화는 다 꿰고 있고 거래처 사람들과도 늘 여유롭다. 똑똑하고 일 잘하는 것은 알지만 그래도 관리는 필요해서 어느 날 팀장은 작정을 하고 그를 부른다.

"A건은 어찌 됐나?"

잘해야 '진행 중'이라는 답이 돌아올 것이었다. 그러면 "진행 중이라고 그렇게 넋 놓고 있을 건가? 구체적인 내용 점검이 있어야 할 것 아닌가?"라고 깰 심산이었다.

그러나 돌아온 답은 진행 중인 건의 온갖 청사진과 명확한 비주얼의 80% 완성된 보고서였다. 마무리만 되면 바로 보고가 올라갈 수 있는. B건도, C건도 마찬가지였다.

CASE2의 오 과장도 비슷한 계열이다. 가장 부럽고 모범적이지만 현실적으로 실천하기는 힘들다. 상사와 어느 정도 코드도 맞아야 하고(일적 트집이란 잡으려고 마음만 먹으면 잡을 수 있는 것이어서) 결과물에 대한 자신감과 신뢰가 서로 쌓여야 가능한 일이다. 거기다 다른 팀원들과의 위화감 조성도 문제가 될 수 있다.

오 과장은 우정야근, 야근 간식 조달, 다음날 아침의 립서비스 등 디테일한 부분을 조금 신경 쓰면 더 좋을 것이다. 만일 부서가 바뀌거나 이직을 할 경우는 진지하게 점검해보아야 한다. 상사나 팀원과 신뢰가 쌓이기 전, '나의 업무 스타일은 이래!'라는 태도는 조직과 융화해가는 데 큰 걸림돌일 수 있기 때문이다.

Chapter 9

분위기는 띄우고 내 몸도 챙긴다

• 회식에서 살아남는 법 •

문화회식, 점심회식, 테마회식 등 다양한 회식문화가 대두되고 있지만 현실에서는 아직도 많은 회사들이 소주에 폭탄주, 식당에서 노래방으로 이어지는 전형적인 회식 코스를 유지하고 있다. 분위기는 살리고, 몸도 보호하고, 술로 인한 사고도 예방할 수 있는 회식 서바이벌 노하우가 필요하다.

웃기거나 웃거나

상사가 과묵하고 농담과는 거리가 먼 경우, 회식 분위기는 엄숙하기 쉽다. 말없이 고기를 구우며 "김 대리, 한 잔 받지" 하면 "네!"라고 한다. 누군가 분위기 띄우는 역할이 없으면 이 정도 대화로만 이어지기도 한다. 그 과묵한 상사가 술을 좋아하고 주량이 세다면 또 2차를 가서 조용히 술을 마시게 될 확률도 높다.

　회식이 인기가 없는 이유는 한마디로 재미가 없어서다. 과묵한 상사도 억지로 끌려온 팀원들도 이런 날은 누군가 좀 분위기를 띄워 주었으면 한다. 남들 앞에 나서기 좋아하고 익살맞은 천성을 타고난 사람들은 이럴 때 인기를 끌 수 있다. 하지만 그렇지 못한 사람들이 더 많다. 재미있는 얘깃거리를 몇 개 준비하면 효과적이다. 술자리에서 간단히 진행할 수 있는 놀이나 게임을 알아두었다가 분위기를 봐서 슬쩍 내놓는 것도 좋다.

　남을 웃기는 데 자신이 없다면 그냥 자신이 많이 웃는 것도 한 방법이다. 또 상대를 칭찬하고 장점을 들추면 분위기가 한결 훈훈하게 살아난다. 평소 "오버 아니야?", "아부라고 생각하지 않을까" 주저했어도 이런 날은 적극 권장이다. 조금이라도 웃기면 강호동 버전으로 과장되게 포복절도하는 것도 효과적이다.

상사의 시야 1~2시 방향이 명당

　있는지 없는지도 모르게 앉아 있는 건 손해다. 있는 동안은 확실하게 확인도장을 찍는 것이다. 상사의 바로 옆이나 앞자리는 좋지 않다. 마시는 동안 불편하기도 하고 자주 술잔을 주고받게 되어 술도 많이 마신다. 오른쪽이나 왼쪽 15도 각도가 제일 좋고 팔을 뻗었을 때 조금 먼 듯한 거리가 베스트다. 눈에는 보이고 술잔은 돌리기 버거운 거리이기 때문이다.

　상사와 멀리 떨어져 앉게 되었다면 반드시 한 번 이상은 옆으로 가

술을 건네고 받도록 한다. 또 처음 받은 술은 원샷을 하는 것이 상사가 술을 하든 못하든 그의 기분을 좋게 한다. 건배사는 감사의 멘트가 제일 무난하다. 유행 건배사를 한답시고 너무 야한 표현을 한다든가 앞서나가면 사람들은 생소하고 어색해 한다. 그냥 누가 들어도 웃긴 게 제일 좋다.

아무리 취해도 누가 돈을 내는지 다 알고 있다

보통 1차는 회사 경비로 처리되지만 2차, 3차는 아닌 경우가 많다. 다들 거나하게 취한 것 같지만 계산할 때가 오면 어느 정도 정신이 든다. 당신만 그런 게 아니다. "내가 쏘지"라고 호언장담하고 다음 차수로 데려간 상사가 계산을 하면 제일 무난한데, 그 상사가 술에 떡이 되어 계산이고 뭐고 정신을 못 차릴 때가 문제다.

빠릿빠릿하게 상사를 부축하며 지갑을 뒤져 카드를 꺼내 대신 계산 처리를 해서는 안 된다. 본인이 대신 낼 게 아니면 차라리 그냥 모르는 척 하라. 바로 아랫사람이 내는 게 자연스럽다. 알아서 적당히 내주면 좋은데 문제는 그 아랫사람이 모르는 척 할 때다. 답이 없다. 이럴 때는 1/n로 얼마씩 걷고 그에게 조금 더 내도록 조율하면 된다.

불만을 말하란다고 말하는 바보도 있나

한 호프집. 회식이 한창이다. 한 잔 두 잔 술이 돌며 자리가 무르익었다. 부장이 말한다.

"이번 프로젝트에 다들 고생 많았어. 그동안 힘들었던 것 편히 털어놓으라고. 오늘 다 털어놓고 잊어버리자고."

술에 취한 김 대리가 불만을 쏟아내기 시작한다. 제법 길다. 얘기를 듣고 있는 부장, 아무 말 없이 술잔을 비우고 한 잔 더 청하고 있다. 옆자리의 고 과장이 만류한다.

"알았으니 그만하지. 그런 내용은 나중에 사무실에서…."

"과장님도 그러시는 거 아닙니다. 이것까지는 말씀드려야겠습니다. 어쩌고저쩌고 블라블라~."

성질 포악한 부장 혹은 저 멀리 말없이 듣고 있던 다른 선배에게서 김 대리를 향해 술잔이 날아온다. 술잔이 깨지는 순간 회식 자리도 박살이 난다. 김 대리가 더 참지 못할 수도 있다. 잘못하면 식당 주인의 신고로 경찰서 신세를 지고 다음날 신문에 "회식 자리에서 직원끼리 서로 주먹다짐 벌여"라는 기사가 날 수도 있다.

좋은 얘기만 하는 게 본전

회식 자리에서 유독 투정을 부리는 철없는 직원이 있다. 정말 중요한 일이라도 그런 자리에서는 절대 먹히지 않는다. 그냥 참아라.

대화를 많이 하는 것은 중요하다. 대화는 술 기운을 빨리 없애는 방법이기도 하다. 또 대화를 하면서 술 마시는 속도와 횟수를 조절하고 지연시킬 수 있다. 그러나 소재가 문제다.

남의 뒷담화의 경우 하는 동안은 사람들이 집중하는 듯하지만 결과적으로는 분위기를 죽이는 소재다. 싱사 중에는 분위기가 편해졌다고 느끼면 그때부터 자신도 편하게 한마디 하려 들기도 한다. 결과적으로 '대놓고 잔소리를 하는' 경우인데 단 몇 분만으로도 한창 물이 오른 분위기에 찬물을 끼얹는 결과를 초래한다.

움직이며 차수와 도수를 올려 마셔라

불행히도 우리나라 회식 문화는 먼저 일어나는 사람에게 가혹하다. 있으려면 끝까지 있는 게 좋은데, 그러기에는 몸이 남아나지 않는다. 오늘만큼은 버텨보자 생각했으면 먹고 마시는 요령이 필요하다.

먼저 밥부터 챙긴다. 보통 식당에 자리를 마련하고 첫 잔 돌리기부터 시작을 하는데 혼자 밥을 먼저 챙겨 먹기가 어렵다면 오후 느지막하게 요기를 해두는 것도 좋다. 첫 잔은 그냥 받더라도 그 다음엔 의식적으로 배를 먼저 채우도록 한다.

독한 술은 맨 나중에, 도수는 올려가며 마신다. 다음날 숙취로 고생하고 싶지 않다면 한 가지 술로 계속 마시거나, 약한 술에서 독한 술로 도수를 올려 가며 마신다. 가급적이면 섞어 먹지 않는 것이 가장 좋다. 마무리 입가심으로 마시는 맥주도 피하라. 특히 폭탄주는 직격탄이다. 폭탄주로 시작했다면 최대한 물을 많이 마시고(거의 배가 부를 지경이 될 때까지), 섞어 마시기는 더욱 피해야 한다.

안주는 치즈, 두부, 고기, 생선 등 고단백질 음식이 좋다. 숙취해소제를 챙기는 것은 기본. 조금이라도 화장실이 가고 싶어지면 절대 참지 말 것. 소변을 자주 봐야 그만큼 알코올이 몸 밖으로 빠져나간다.

그리고 움직이며 마신다. 한 자리에서 오래 먹고 마시는 것보다는 차라리 장소를 자주 옮기는 편이 낫다. 노래방 코스를 즐겨라. 식당이나 술집에서 가급적 먼 곳을 걸어서 이동하면 제일 좋다.

노래방을 즐겨라

노래방에서의 분위기가 회식을 좌우하기도 한다. 아무리 분위기가 훈훈했어도 노래방에서 썰렁했다면 계속 찝찝하고, 식당에서는 그냥 그랬다가도 노래방에서 분위기가 뜨면 어쩐지 모임이 잘 된 것으로 느끼게 된다.

본인 스타일에 맞는 노래를 미리 준비한다. 트로트, 발라드, 댄스 중 세 곡은 필수다. 노래 가사 중 이상한 표현은 없는지 미리 살펴 두는 것도 좋다. 마이크는 살짝 내려 쥐어야 소리가 자연스럽다. 부를 때는 자신감 있게. 그래야 분위기가 좋다. 어차피 노래 경연대회는 아니다.

음치라도 분위기를 띄우는 데 효과적인 노래는 세대를 막론하고 다들 즐겁게 따라 부르며 들을 수 있는 고전적인 리스트가 있다. 앉아 있는 것보다는 일어서서, 꼭 춤을 추거나 탬버린 따위를 흔들지 않더라도 박수를 치며 서 있는다. 노래방에서 맥주를 시키는 경우 서 있는 사람들은 마시지 않아도 되는 것도 장점이다.

Chapter 10

휴가 후 재시동, 점검 완료됐나요

• 정상적인 업무 복귀를 위한 애프터 솔루션 •

여름휴가, 명절휴가, 연휴…. 직장인이라면 당당하게 주장할 수 있는 권리. 하지만 휴식의 달콤함은 짧고 후유증은 오래간다. 열심히 일한 당신, 떠났다 돌아온 뒤 멋지게 복귀하는 법도 알아야 한다.

CASE1

김 차장은 아직도 비몽사몽이다. 연차까지 다 합해서 장장 열흘하고도 이틀 동안 지중해 여러 나라를 다녀온 지 어언 2주일. 처음에는 굉장한 리프레시가 됐다고 생각했다. 기운 내서 열심히 일해 내년 여름에 또 가야겠다고 생각했지만, 일은 손에 안 잡히고 하기도 싫고 함께 간 친구가 블로그에 올린 여행사진만 하루에 수십 번씩 들어가 구경하고 있다. 하반기 사업에 중요한 프리젠테이션이 바로 코앞인데….

CASE2

이 주임은 몸 상태가 말이 아니다. 미혼 친구들과 지리산 둘레길을 걷고 온 것까지는 좋았는데, 장시간 도보로 얻은 종아리 근육 통증이 연휴 끝난 지 사흘이 넘은 지금껏 계속되고 있다. 버스와 전철을 번갈아 타며 출퇴근하다 보니 지각 아니면 출근시간에 간당간당하게 회사에 도착하는 일이 잦아졌다. 깐깐한 부장의 인상도 그만큼 자주 찌푸려진다. 그에게 이번 연휴는 너무 긴 후유증을 남기고 있다.

CASE3

정 대리는 지난 주에 비해 컨디션이 영 좋지 않다. 월차를 낸 금요일부터 주말 내내 집에만 눌러 있었던 것이 화근. 3일 동안의 과식·폭식, 음주, 게다가 미드와 TV 시청, 새로 나온 온라인 게임 덕에 낮과 밤이 바뀌다시피 했다. 출근하니 동료들도 "얼굴이 왜 그렇게 푸석푸석하지?"라며 의아해 한다. 모처럼 푹 쉬고 싶었던 휴가 후 오히려 몸만 피곤해졌다.

대한민국 직장인이 가장 싫어하는 음악은 〈개그콘서트〉의 엔딩 곡. 연휴나 휴가 등 짧게는 사나흘, 길게는 열흘 이상 자리를 비운 뒤. 업무복귀가 여의치 않다. 짧으면 짧은 대로, 길면 길게 다녀온 대로 업무 리듬이 끊겨 있다. 집에서만 뒹굴거리다 낮과 밤이 바뀌기도 하고 북적이는 인파에 시달리느라 피로가 더 쌓여오는 경우도 흔하다. 이럴 때 필요한 건 뭐? 휴가 후 업무복귀를 위한 자정(自淨) 프로그램이다.

휴가는 하루 전에 끝내라

월요일에 출근해야 한다. 며칠 동안의 여행이었다면 토요일에는 집에 돌아와야 한다. 해외여행을 간 사람들 중에는 새벽 비행기로 한국에 도착해 회사로 직행하는 사람들도 있다. 어지간히 노련한 관록의 소유자가 아니라면 절대 말리고 싶은 스케줄이다. 벌겋게 달아오른 얼굴에 부스스한 머리, 구깃구깃한 옷을 입고 회사에 나가 시차적응 안 된 몸으로 꾸벅꾸벅 졸며 첫 날을 지내고 싶은가?

어디론가 떠나지 않고 '방콕'만 했다고 해도 적어도 하루 전에는 릴랙스 타임을 끝내고 일요일부터는 몸과 마음을 정상궤도로 돌아오게 해야 한다.

한국인은 밥심! 밥 스케줄부터 챙겨라

놀러가서 혹은 집에서 풀어져 지내다 보면 가장 먼저 식생활 균형이 깨진다. 과식, 음주, 야식, 늦잠으로 인한 끼니 건너뛰기…. 우선 밥 스케줄부터 원상복구를 시작한다. 하루 세 끼를 정상적인 시간에 먹는 것을 기본으로 하고, 과식과 폭식이 있었다면 식사량을 조금 줄인다.

운동 등으로 스펙터클하게 지냈기 때문에 쌓인 피로를 보신해야 한다고 생각해서 삼계탕이나 육류를 먹는 사람이 있는데 지나치면 변비나 설사를 유발한다. 채소 등을 일부러 더 많이 챙겨 먹어 소화 장애도 막고 면역력도 키우자.

일상의 리듬을 되찾는 데 가장 큰 걸림돌은 낮과 밤이 바뀌는 것. 밤 늦게까지 TV 보기, 한낮까지 늦잠, 오수 등 불규칙한 수면 패턴으로 깨진 신체 감각을 되돌려야 한다. 최소한 하루 전은 정상적인 수면 패턴을 지키도록 한다. 잠자리에 드는 시간을 조금 당겨 1시간 이상 수면 시간을 늘리는 것도 좋다. 본의 아니게 일찍 일어났다면 산책이나 스트레칭 등 가벼운 운동을 권한다. 물론 평소 하던 운동이 있다면 가장 좋다.

평소 운동을 열심히 해왔다면 자신의 신체 상태를 잘 파악할 수 있을 것이다. 평소 운동량이 100이라면 출근 전후는 80 정도 선에서 마무리하자. 며칠 동안 운동을 쉬었다면 갑자기 늘어난 운동량에 몸과 마음이 피로해지기 쉽다. 스포츠하이를 즐기는 사람은 더 위험하다. 신체 리듬이 운동과 시간대에 따라 자연스럽게 원상복귀되도록 하는 것이 우선이다.

무언가를 새로 시작하겠다고 결심하는 경우 월요일 또는 휴가 끝난 직후를 기점으로 삼기도 하는데, 운동을 안 하던 사람이 휴가 직후 운동을 시작하는 것도 좋지 않다. 정 운동을 해야 한다면 걷기, 스트레칭이나 요가 등 가벼운 유연 운동 정도가 알맞다. 운동으로 월요병을 악화시키지는 마라.

물과 비타민으로 디톡스

물을 많이 마셔라. 평소보다 과하다 싶을 정도로 마셔도 된다. 물은 몸에 쌓인 피로와 독소를 씻어내는 데 가장 빠르고 효과적이며 비용이 거의 들지 않는 좋은 재료다.

대한민국 국민이라면 놀러가서는 으레 바비큐를 한다거나 식당에서 고기를 구워먹는 것이 주요 일정. 술과 함께 몸에 쌓인 포화지방은 소화기관을 비롯한 신체와 두뇌를 피로하게 만든다. 물을 많이 마시면 위장장애 등 소화 기능을 정상화시키고 피로회복과 집중력 향상에 도움이 된다.

또 비타민을 골고루 섭취해 무너진 신체 균형을 바로잡도록 한다. 종합비타민제를 복용하는 것이 가장 빠르고 과일과 채소 등을 충분히 섭취하도록 한다.

한 시간씩 나만의 서머타임

직장생활에서 반드시 지켜야 할 몇 가지 중에는 '연휴나 휴가가 끝난 다음날 일찍 출근할 것'이 있다. 평소보다 최소한 15분 이상 일찍 출근하라. 안 그래도 피로가 쌓였는데 허둥지둥 출근으로 인한 스트레스를 더 얹으면 하루 종일, 일주일이 피곤하다.

또 출근을 빨리 해 그동안 밀린 일 등을 보다 여유 있게 점검하고 처리할 수 있다. 급한 마음에 밀린 업무 처리에 급급하다 보면 실수하기도 쉽다.

일단 업무 리스트를 정리해보라. 가장 급하게 처리해야 할 업무와 휴가 전부터 진행돼오던 업무를 구분하고 우선순위를 정해 차근차근 해결해나간다. 또 이렇게 리스트를 정리하다 보면 이후 업무에 대한 아이디어도 떠오르기 마련. 이에 대한 리스트까지 정리된다면 그야말로 최고다.

리스트는 엑셀 파일로 정리하면 좋다. 칸과 블럭을 만들어 순서대로 체크할 수 있고 해결된 건은 위치 이동 등을 할 수 있기 때문이다.

Chapter 11

연차는 연간계획이다

• 안 챙기면 손해인 '남은 연차' 알뜰하게 쓰기 •

찬바람이 불기 시작할 무렵 직장인의 머릿속에서 떠나지 않는 숙제가 있다. '남은 연차, 다 쓸 수 있을까?'다. 그러나 대한민국 직장인 10명 중 8명은 한 해 연차를 다 못 쓰고 있다. 남의 눈치를 피하면서 인사고과 영향 없이 남은 연차 하루라도 더 챙기는 노하우를 정리해 보았다.

연차를 전부 사용하는 비율은 고작해야 10% 정도. 연차수당을 지급하는 회사도 별로 없다. 업무량과 스케줄을 따라가다 보면 주어진 날짜의 절반을 겨우 넘기는 정도가 대부분이다.

대다수는 그냥 포기한다. 쓸 수 있는 만큼 하루라도 더 챙기는 게 남는 것인데, 현실은 그리 녹록지 않다. 직장생활의 고질적 문제 '눈치 보기' 때문이다. 업무량과 스케줄이 가장 큰 이유지만 그 다음이 '눈치가 보여서'라거나 '인사고과에 영향을 미칠까 봐'서다. 슬프지만, 인정할 건 인정하자. 그리고 눈치 대신 요령이다.

무두절을 활용하라

직속 상사가 쉬는 '무두절(無頭節)'은 직장생활의 꽃. 이때를 활용하면 효과적이다. 상사와 선배 등 윗사람이 휴가를 내면 거기에 뒤따라 신청한다. 하루나 이틀 정도 늦은 날짜로 비슷한 기간을 맞추는 것이다. 제일 좋은 것은 하루 늦게 올리고 이틀 뒤에 끝내는 것. 일정은 오히려 그들보다 길면서 눈에 띄지 않을 수 있다. 상사의 심리도 느슨해지기 때문에 휴가를 많이 내는지, 자주 내는지 등이 묻히게 된다.

단점은 계획을 잡기 어렵다는 것. 사전에 상사의 휴가 일정 정보를 파악하고 있으면 유리하다. 단, 팀 구성과 업무 스케줄상 가능한지 여부도 꼼꼼히 체크해야 한다.

연차를 앞세우지 마라

신입이나 경력이 낮은 직원들이 종종 "제가 연차가 ○○일 남아있어서요…"라고 얘기를 꺼내는 경우가 있다. 쿨하게 "아, 그런가? 그럼 당연히 쉬어야지" 하고 받아주는 상사나 부서라면 만사 OK지만 아닌 경우가 문제다. 자칫하면 따로 불려가 한바탕 훈계를 들을 위험도 있다.

연차를 앞세우지 말고 휴가를 내야 할 적절한 이유를 대라. 그리고 마지막에 "그래서 연차가 남아있으니 그걸 사용하면 될 것 같습니다"라는 식으로 말하라. 잘하면 "아니, 연차가 그렇게 많이 남았어?"라는 답이 돌아올지도 모른다.

가정사를 핑계 대지 마라

여성에게 해당되는 얘기다. 연차 아니라 연차 할아버지라도 기혼여직원의 가정사는 뒷말이 나오기 마련이다. 가정사를 잘 드러내지 않는 남자직원이라면 오히려 자연스러운 이유가 될 수도 있지만, 남자든 여자든 번번이 가정사를 이유로 자주 휴가를 신청한다는 느낌을 주는 것은 문제다. 업무에 소홀하고 자기 것 챙기기에만 바쁜 인상을 주기 때문이다.

집안일보다는 건강상의 문제, 아이들보다는 어른들에 관련한 이유가 적합하다. 결혼기념 여행이라든가 스페셜한 이벤트도 회사 분위기에 따라서는 효과적일 수 있다.

징검다리는 하나만

주말과 공휴일을 낀 징검다리 기간이 있다. 다 붙이면 9일도 2주도 되어 가끔 신문에 "최장 2주일 황금의 휴가" 같은 제목이 뜨기도 하는데, 사실 남의 일이나 다름없다. 연차를 끼워 넣기는커녕 명절 연휴를 전부 사용하지 못하는 직장인이 10명 중 3명이나 된다.

징검다리는 연차를 쓰기에 가장 적합한 기간이지만 쭉 붙여 쓰는 것은 오히려 역효과다. 앞이나 뒤의 하나만 붙여 쓰고 타이밍을 맞춰 따로 하루씩 나눠 쓰는 편이 자연스럽다.

모든 휴가는 사전 승인이다

의외로 자주 있는 일이다. 어쩔 수 없는 사유로 인한 당일 연락도 문제지만 그보다 통고식 휴가 신청이 더 심각하다. 휴가계를 상사 책상에 올려두는 경우도 흔하다. 전체적인 분위기가 그렇다면 괜찮다고? 사실은 그렇지 않다.

"○○일부터 ○○일까지 휴가를 내고자 합니다"와 "○○일부터 ○○일까지 휴가신청을 했으면 하는데 가능할까요?" 중 정답은 후자다. 당신의 상사, 부서장에게 반드시 사전 승인을 받고나서 휴가 신청을 하든 휴가계를 쓰든 해야 하는 것이다. 한번 눈여겨 관찰해보라. 당신 외의 다른 경쟁자와 동료들은 그렇게 하고 있을 것이다.

인사평가 기간은 피하라

정정당당한 연차, 공개적으로 허락받은 휴가인데, 무슨 상관이냐고 생각하는 당신은 애송이. 물론 인사평가자들의 대다수는 "연차를 챙겨 쓰는 직원에 불이익은 없다"라고 답하고 있지만, 실은 거짓말이다.

대부분의 인사평가는 상사에 의한 수직평가 방식이나 조직과 개인의 목표를 평가하는 방식으로 이뤄진다. 연차를 사용하고 안 하고의 문제가 아니라 '얼마나 업무에 집중하고 목표달성을 위해 노력하는가'를 보는 것인데, 평소에 특별히 눈에 띄지 않았다면 인사평가 기간에 집중적으로 평가하게 된다. 보통의 경우 지각, 팀워크, 상사와 회사에 대한 충성도, 업무 집중도, 사규와 성과달성치, 연차, 휴가, 야근 등이 심정적 기준이다.

트위터나 페이스북에 올리지 마라

직장인 2명 중 1명은 거짓말을 하고 회사에 빠진 경험이 있다고 한다. 이런저런 핑계를 대고 어렵게 연차를 받아 동남아 같은 데 놀러간 다음 즐겁게 현지 인증샷을 찍어 미니홈피나 트위터 등 SNS에 올리는 실수를 하고 있지는 않은지?

일촌신청이나 친구 추가를 하는 상사는 오히려 순진한 축에 속한다. 들어왔는지 나갔는지도 모르게 슬쩍 들여다보고 가는 상사들도 많다. 꼭 감시를 위해서가 아니라 그냥 돌아다니는 것이 대부분이지만, 운 나쁘면 걸리기 마련이다. 또 세상에는 당신이 모르는 당신의 적이 있을 수 있다.

"○○ 씨 지난 주에 동남아 다녀온 모양이던데, 정말 재미있었나 봐요. 미니홈피 사진 보니까…."

칭찬이나 부러움을 가장한 고자질이 올라갈 수도 있다.

🥤 난 자리 알게 하지 마라

'든 자리는 몰라도 난 자리는 알기 마련'이라는 속담이 있다. 휴가 기간에 이렇게 되면 나쁜 의미다. 업무 처리를 제대로 하지 않고 떠나간 뒤치다꺼리를 누군가 해야 한다면 사소한 일에도 짜증스럽고 부정적으로 과장된다.

진행된 일, 진행되고 있는 스케줄, 이후의 예상 결과 등은 반드시 상사에게 직접 구두로 보고하고 휴가에 들어가야 한다. 필요한 경우 동료에게 당일 해야 할 일을 부탁한다. 당일 이후에 생길 수 있는 일을 부탁하려면 정말 절친이 아니면 안 된다. 장기간일 때는 번거롭더라도 업무연락을 통해 변동사항이나 특이사항을 체크할 필요도 있다.

🥤 연차는 연간계획이다

금요일은 대부분 바쁘게 돌아가는 일정이다. 금요일 연차를 한 번 사용했다면 그 다음에는 주중으로 신청을 한다든가 연속적으로 주말에 연차를 붙여 사용하는 것은 피한다.

월요일에 쉬는 경우도 많다. 그러나 회사에서 고과도 잘 받고 승진도 하고 싶다면 월요일 휴가만큼은 피하자. 요령부득인 사람들은 월요일에 '몸이 아프다', '집에 일이 생겼다' 등의 이유로 당일 휴가를 연락하기도 하는데, 치명적이다. 당신에게는 1년에 한두 번 있을까 말까한 일이지만, 회사에서는 수십 또는 수백 명의 직원들이 흔히 이야기하는 이유 중 하나일 뿐이다.

　주5일제 근무라 주말에 하루이틀만 연차를 붙여도 꽤 오랜 기간 쉰 것처럼 느끼게 된다. 주말과 공휴일, 평일의 리듬을 잘 맞추도록 하라. 연차는 내 밥그릇이다. 평소 계획적으로 일정을 맞춰 업무나 팀 분위기, 자신의 이미지에 영향을 주지 않는 요령도 회사생활 잘하는 노하우다.

아무도 가르쳐주지 않는 사무실의 비밀

• 심리 편 •

Chapter 1

가만히 있으면 가마니가 된다

• 적극적인 인재가 되는 10가지 방법 •

동서고금을 막론하고 모든 상사와 경영자는 '적극적이고 긍정적인, 그리고 진취적인' 직원을 좋아한다. 그리고 세상은 노골적인 경쟁 사회다. 조직에서 '아, 그 사람 참 능력 있지' 또는 '그 친구는 능력이 좀 떨어지지 않나?' 하는 평가의 과정을 관통하는 키워드는 바로 '적극성'이다.

막상 직장생활을 하노라면 그런 긴장감은 TV 드라마에나 나오는 것 같을 때가 많다. 자신이 나서서 할 일이 아닌 것 같기도 하고 남들 앞에 나서기도 어색하다. 때로 상황이 오더라도 '내가 굳이 뭐 그렇게까지…' 하는 마음이 들기도 한다. 그러나 조직사회에서 평가의 잣대란 눈에 보이지 않아도 분명히, 그리고 날카롭게 존재한다.

윗사람이 아랫사람에게 갖는 불만의 공통분모는 대개 '적극적이지 않다'는 것으로 요약된다. 남의 일처럼, 누군가 알아서 하겠거니 하는 태도가 답답하고 못마땅한 것이다. 당사자들 입장을 들어보면 특별한 이유가 있는 것은 아니다.

'어떻게 돌아가는 건지 잘 몰라서', '내 일이 아니니까', '알아서 되겠지', '책임지기 싫어', '나서기 싫어' 정도의 이유다. 그러면서 막상 다른 누군가가 능력을 발휘하고 인정을 받으면 어쩐지 시기심도 생기고, 나는 왜 제대로 인정을 못 받나 하는 비관적인 생각이 들게 된다.

그러나 회사는 당신이 능력을 감추고 있다는 '사실'을 전혀 모르고 있다. 심지어는 수동적이고 나태하게 때로는 무능력하게 평가하고 있을지도 모른다.

회사나 상사 입장에서는 언제나 적극적인 태도를 환영하고 기대한다. 뚱하게 앉아서 자기자리만 챙기는 듯한 직원에게 호감을 갖기란 힘들다. 그렇다고 해서 활동적으로 움직이지만 정작 중요한 일을 빠트리고 실수를 연발하며 일의 핵심을 잡지 못하는 것은 곤란하다. 적극적인 태도에도 순위가 있다.

1. 알아서 찾아 하는 것

2. 알려주면 해내는 것

3. 지적을 받은 후에야 하게 되는 경우

4. 자신이 해야 할 일조차 하지 않는 경우

5. 가르쳐줘도 못하는 경우

적극성이란 '당연히 해야 할 일을 하는 것'이다. 뒤로 미루지 않는 습관을 들여야 한다. 그리고 판을 넓게 읽어야 한다. 지금 이 일이 누구에게 왜 중요한지를 파악하고 그에 맞춰 행동해야 한다. 상사나 클라이언트가 요청한 건보다 자신이 맡고 있던 건을 먼저 처리하는 게 늘 옳은 것은 아니다. 당신이 보기에는 귀찮기만 한 회사 워크숍이나 체육대회도 어떤 경우는 당신이 속한 팀이 주도적으로 참여해야 하는 상황일지도 모른다. 태도, 애티튜드(attitude)는 하루아침에 바뀌지 않는다. 그러나 이미지는 노력으로 트레이닝할 수 있다.

다음은 이미지를 보다 적극적으로 보이도록 만드는 10가지 팁이다.

모르는 얼굴이더라도 웃으며 인사하라. 가벼운 목례도 좋다. 특히 젊은 직원들일수록 인사할 때 어색한 경우가 많은데, 사실 윗사람들은 인사성에 민감하고 당신은 그들을 모르더라도 그들은 당신을 기억하고 있다.

'인사를 잘하고 싶어도 타이밍을 못 맞추겠어'라고 생각하는 사람도 많다. 눈이 마주치는 순간 먼저 인사하라. 말을 건네려면 얼굴을 마주하는 순간 실행하라. 안면이 있는 사이라면 '안녕하십니까' 정도의 짧은 멘트를 빠트리지 말자. 이미지는 시각적으로 먼저 다가오고 그 다음 청각으로 느껴진다. 그리고 인사성은 곧 평판이 된다.

우리나라 사람들이 특히 취약한 부분이 아이 콘택트(eye contact)다. 외국에서는 대화 시 상대의 눈을 똑바로 바라보는 것이 예의다. 무언가 솔직하지 못할 때 시선을 피한다고 여긴다. 외국의 사례가 아니더라도 시선을 회피하고 다른 곳을 쳐다보며 대화하는 사람은 불안정해 보이고 불성실하거나 자신 없게 느껴진다.

상대와 눈을 마주치는 것은 처음에는 조금 어색해도 습관이 되면 아주 좋은 효과를 볼 수 있다. 어색할수록 웃거나 미소를 지으며 대화하도록 노력하라. 거울을 보며 연습을 하는 것도 한 방법이다.

상대의 이름을 불러라

비슷한 직급 간 공손하게 말한답시고 다가와서는 "저기요…"라거나 "저, 죄송한데요…"라고 시작하는 직원들이 있다. 낯선 사이도 아니고, 지나가던 아저씨, 아줌마 사이도 아닌데 분명 실례다. 직급이 있으면 직급을 부르고 직급이 없으면 이름을 명확히 불러라.

'○○ 씨'라는 호칭이 처음에는 어색할 수도 있지만 안 부르는 것이 더 어색하다는 사실을 기억하라. 성을 붙이고 안 붙이고의 여부는 경우에 따라 결정하면 되는데, 안면이 쌓인 사이면 이름만 부르는 것이 친밀감을 준다.

타 부서나 업체와 회의 때도 "○○팀에서는 어떻게 생각하세요?"

라고 하기보다는 정확하게 짚어서 "ㅇㅇ 씨는 어떻게 생각하세요?"라든가 "김 대리 의견은 어떠십니까?"로 표현하는 것이 설득력 있게 느껴진다.

🔍 자리에서 일어나 대화하라

타 부서 사람 또는 다른 사람이 당신의 자리로 와 대화를 나누는 경우, 일어서서 대화하는 것이 매너다. 자리에서 일어나 업무를 보는 것은 진지하고 적극적인 이미지를 준다. 자리를 옮기지 않고 이야기해야 하는 상황이라면 옆 자리 의자를 권한다.

본인은 앉은 상태에서 상대가 서 있도록 하는 것은 매너가 아니다. 점심식사 후 배가 부른 상태인 오후 시간에는 의도적으로 한 시간 정도 서서 일하는 것도 권할 만하다.

🔍 세 가지를 빨리 하라

전화를 빨리 받아라. 자기 자리의 전화가 세 번 이상 울리지 않도록 하고, 빈자리의 전화도 최대한 빨리 당겨 받는다. 또 출근을 빨리하라. '항상 먼저 나와 있는 직원'의 이미지만큼 깔끔하고 의욕적으로 보이는 것은 없다. 그리고 걸음을 빨리하라. 느릿느릿 세월아 네월아 걷는 사람은 여유로워 보이기는 하지만 재빠르게 움직이는 타입이 업무적으로 신뢰가 느껴진다.

악수는 힘 있게 하라

악수 매너가 엉망인 경우가 종종 있다. 상대의 눈을 똑바로 바라보며 당당하게 손을 마주잡은 뒤 힘차게 두어 번 흔든다. 윗사람 또는 어려운 상대와 두 손으로 악수를 하더라도 허리는 곧게 펴고 가볍게 인사하듯 고개를 숙이는 것으로 충분하다.

어영부영 잡은 듯 만 듯한 채로 굽신굽신 고개를 숙인 악수는 겸손하기보다 초라해 보인다. 잡은 손에 적당히 힘이 들어가 있어야 상대방이 신뢰를 느낄 수 있다.

바른 자세를 유지하라

걷거나 앉을 때 허리와 어깨의 자세가 흐트러지거나 흔들리지 않게 하라. 바른 자세를 유지하는 것만으로도 한결 고급스럽고 세련돼 보인다. 특히 의자에 앉았을 때 구부정하게 허리를 굽히거나 어깨를 움츠리지 않도록 유의한다. 회의 시는 필기도구를 반듯하게 앞에 두고 필기자세를 취한다. 의자에 파묻히듯 깊숙이 앉는 것도 좋지 않다. 불필요하게 회의 테이블에 팔꿈치를 괴거나 턱을 고이는 일이 없도록 한다.

항상 메모하라

포스트잇과 다이어리, 메모지 등을 활용하는 이미지는 업무적으로 호감을 줄 수밖에 없다. '업무에 메모는 필수'가 상식 같지만, 의외로 메모를 부지런히 하는 사람은 30% 미만이다. 겉으로 드러날 정도로 메모에 꼼꼼한 경우는 10% 정도인 것 같다.

글자는 크게 써라

컴퓨터 사용이 보편화되면서 손으로 쓰는 글씨에 그다지 관심을 두지 않는 까닭에, 다 큰 성인 어른의 글씨체가 비뚤배뚤 엉망진창인 경우가 많다. 멋진 필체를 가지고 있으면 좋겠지만, 일부러 만들려 노력할 필요까지는 없고 대신 큼직큼직하게 쓰는 것을 권한다.

어린 소녀 글씨처럼 작은 글씨를 쓰는 사람은 꼼꼼하게 보이기보다는 심지가 좁고 자신감이 결여되어 있는 것처럼 느껴진다.

발음을 정확히 하라

특정 업종 외에는 업무 시 또렷또렷한 발성과 발음에 대한 교육이 없는데, 이는 사회생활의 기본소양이다. 사실은 학교에서 이미 배웠어야 한다. 말투가 어눌한 사람은 따로 연습을 해서라도 또박또박 명료하게 발음하도록 노력해야 한다. 자신감 있고 확신에 찬 어투야말로 신뢰감을 심는 기본이 된다.

Chapter 2

말에 행간이 있다

• 당신이 미처 모르는 사무실 내 대화의 숨겨진 비밀 •

외교상의 표현법이 다르고 비즈니스상의 대화법이 다르다. 업종에 따라서도 차이가 있다. 사무실 내에서는 위아래 좌우로 여러 가지 방식의 직·간접적인 언어와 대화법이 존재한다. 문제는 못 알아듣는 사람이다. 웃으면서 좋게 말하면 별 것 아닌 줄 알고 함께 웃어넘기다 결국 사고가 나고 큰 소리가 나야 정신을 차리는 것이다.

'어느 날 갑자기'라고 하는 일들은 그리 흔하게 오지 않는다. 세상의 모든 현상과 결과에는 '사인(sign)'이라는 것이 있다. 사전에 여러 가지 방식으로 경고와 계시가 온다. 그러나 대부분의 인간들은 그런 경고를 무시하고 자기 좋을 대로 해석하고 받아들이며 별것 아니라고 치부한다. 결국 기회를 놓치고 방기하다 원하지 않은 상황에 마주치곤 한다.

회사에서 뭔가 부당한 대우를 받고 있다든가, 동기들보다 불리한 처우를 받고 있다는 생각이 들고 그것이 억울한가? 업무성과처럼 명확하게 수치화 가능한 비교기준이 아니라면, '말귀를 못 알아듣고' 있는 것일 수도 있다.

업무와 분야에 따라 각기 다른 표현방식이 있다. 그중에서도 외교적 언어는 가장 간접적이고 중의적이다. 정신대 문제가 불거질 때마다 일본인들이 잘 쓰던 '유감'은 '네 마음은 이해하지만 사과는 하기 싫어'라는 뜻이다. 그들은 몇 년 전 '통감'이라는 단어를 쓴 적도 있다. 역시 이 말은 '네 마음은 정말 아프겠구나. 하지만 사과는 싫어'라는 뜻이다.

사무실 내에서도 중의적이고 간접적인 여러 표현들이 존재한다. 그럼에도 불구하고 다들 웃는 낯으로 좋게 얘기하는 것 같으니 그저 좋게만 받아들이다가는 자신도 모르게 '진상'이 되어 있을 수도 있다.

상사와 선배의 겉말과 속뜻

"요즘 무슨 일 있나?"

→ 요즘 일처리가 시원치 않아. 앞으로 주의해.

개인적으로 무슨 문제가 있는지를 상사가 자꾸 캐묻는다면 경고 표시다. 업무적인 결과가 시원치 않고 물리적인 정황은 나쁘지 않으니, 개인의 문제라는 뜻. '나를 걱정해주는구나'라고 생각하면서 '이해해주겠지'라고 여기면 큰 착각이다. 오히려 더 긴장해야 한다.

"지난 번 그 건은 어떻게 됐지?"

→ 왜 미리 보고를 하지 않고 꼭 내가 물어봐야 대답을 하는 거지?

상사로부터 업무 확인과 재촉을 받는 것은 아무리 표현이 부드럽다 하더라도 좋은 일이 아니다. 가급적 (가능하다면 모든 일을) 상사가 묻기 전에 먼저 보고한다. 상사의 성격이나 어투, 쫀쫀한 쪼임에 스트레스를 받는 것만 생각하다가 고과 하락으로 이어질 수 있다.

"이 건에 대한 결과는 언제 보고받을 수 있나?"

→ 오늘부터 밤을 새서라도 최대한 빨리 진행하도록 해.

요즘은 "오늘 야근해서 내일 아침까지 다 끝내!"라고 당당하게 명령할 수 있는 상사가 그리 많지 않다. 하지만 상사들은 빙빙 돌려가며 말하고 눈치 빠른 직원들은 알아서 열심히 해야 한다. 순진하게 "이번 주까지 마치면 되나요?"라고 답하지 마라.

"그쪽에서는 그럴 수 있지."

→ 당신이 업무 처리를 똑바로 못했기 때문이지.

상사는 핑계 대는 것을 싫어한다. 그것이 사실이라 하더라도 핑계라고 생각한다.

"지금 맡고 있는 일이 많이 힘들지?"

→ 이 일은 너에게 역부족인 것 같아.

좋게 말하고 있는 것 같지만, 당신의 능력을 의심하고 다른 대안을 찾아야 하는 것은 아닌가 하는 고민의 단계일 확률이 높다. 중요한 일을 맡고 있다면 "아뇨! 재미있습니다. 지금 늦어지고 있는 것은 이번 주 안에 모두 해결됩니다. 걱정 마십시오!"라고 대답해야 한다. 구구절절 "사실은 이게…" 하면서 누가 어떻고 뭐가 이래서 '내가 잘할 수 있는데도 잘 되지 않고 있다'라는 설명을 했다가는 원하지 않는 결과를 초래할 수 있다.

"힘든 일 있으면 미리 얘기하게."

→ 사적인 일로 업무에 지장 주지 말고 정신 차리고 똑바로 해.

대부분 "아, 나를 걱정해주는구나. 그럼 좀 부족하더라도 이해해주겠지" 하고 받아들이기 쉽다. 얘기하면 처리해줄 것이다. 당신이 원하지 않는 방식으로. 그리고 회사에 손해가 나지 않는 방법으로. 물론 책임은 당신의 몫이다.

"어제 무슨 일 있었어?"

→ 여기는 사무실이야. 출근할 때는 긴장해서 자기관리 좀 해.

'어제(밤)', '지난 주말에' 등 사적인 시간에 있었던 일을 물을 때는 '지금 너의 꼴이 이상해'라는 뜻이다. 지금 푸스스한 머리와 피부, 벌겋게 충혈되고 퉁퉁 부은 얼굴은 아닌가? 여행이든 술이든 부부싸움이든 회사에 나왔을 때 단정치 못한 모습은 NG. 야근으로 초췌한 모습도 다함께 한 야근이 아닌 이상 권장 사항은 아니다. 업무 능력이 떨어지는 것으로 비칠 수 있다.

"자네는 참 가정적이야."

→ 회사나 업무보다는 사생활을 더 중시하는군.

미안한 얘기지만 여자들로부터는 칭찬, 남자들로부터는 비아냥거림의 소지가 높다. 아직도 대한민국은 직장에서 '가정적'이라는 표현이 '업무보다' 사생활을 우위에 둔다는 뉘앙스로 받아들여지고 있다. 실제로 가정적이라 하더라도 굳이 회사에서 그런 표현을 들을 필요는 없다. 더 억울한 것은 가정에서는 결코 그런 평가를 받고 있지 못할 때다.

"○○은 아주 능력 있어. 일처리 꼼꼼하고."

→ 너는 ○○보다 못해.

동료나 후배를 뜬금없이 칭찬한다면 당신을 못마땅하게 여긴다는 뜻일 확률이 100%.

동료와 후배의 겉말과 속뜻

"○○ 씨는 성격이 참 시원시원하시네요."

→ 너는 정말 아무 생각이 없구나. 앞뒤 정황을 좀 보고 일하렴.

친한 사이에야 무슨 말을 못하겠는가. 그러나 옆 부서의 잘 모르는 동료라면 얘기가 다르다. 이런 관계에서는 좋은 게 좋은 표현이 아닐 확률이 더 높다.

"이 건은 꼭 오늘까지 처리돼야 하거든요."

→ 늘 늦는 너 때문에 피곤해.

특히 후배들. 유관 업무일 때. 선배를 채근할 수는 없으니 이런 식으로 신신당부한다.

"마무리되면 알려주세요."

→ 늘 약속을 안 지키는 너를 무작정 기다릴 수 없어.

여러 사람들이 당신과 이렇게 대화하고 있다면 당신의 시간관념이나 습관을 돌이켜보라. 자주 늦는 케이스라면 상대는 기다리기 싫다는 불신의 표현을 하고 있는 것이다.

만일 그렇지 않다면 동료가 당신에게 '마음 편히 일하세요'라며 힘을 주는 좋은 뜻이다.

"○○ 씨는 여기 있기 아까운 것 같아요."

→ 그렇게 잘났으면 다른 좋은 데로 가든가.

이런 말을 듣고 '그래, 나는 역시 여기에는 아까운 인재야'라고 뿌듯해하는 사람이 분명히 있을 것이다(의외로 많다).

"워낙 알아서 잘 하시잖아요."

→ 너를 도와주고 싶지 않아.

또는 '도와주지 않아도 되지?'라는 확인사살.

"제가 뭐 좀 도와드릴까요?"

→ 너 때문에 나까지 피해 보고 싶지 않아.

그리고 빨리 퇴근하고 싶을 때.

"오늘 데이트 있으신가 봐요."

→ 오늘 네 복장은 너무 튀어.

자연스럽고 멋지게 입었다면 "멋져요!"라고 했을 텐데. 그저 "특별한 일이 있나 봐요", "오늘 무슨 날이에요?"라고 한다면 어색하고 어울리지 않은 차림일 확률이 높다. 특히 여성들. 회사에 어울리지 않은 드레시한 복장이나 지나치게 페미닌한 룩은, 요즘 유행하는 초초미니 하의실종 룩은 아닌지 돌아볼 것. 아무리 예쁘더라도 오피셜하지 않은 복장은 역시 NG.

"너무 예뻐요!"

→ 그럼, 안 예쁘다고 말할 수는 없잖아?

"이거 어때?", "이거 너무 예쁘지?"라고 묻는데, "아니오"라고 말할 수 있는 사람은 사이코.

"이런 건 언제 다 하셨어요?"

→ 일은 안 하고 다른 데에만 관심이 많구나.

일이 아닌 피규어 모으기, 개인홈페이지, 자동차 튜닝 등에 대한 칭찬일 때.

"오늘 팀장님 기분 안 좋으세요."

→ 너 때문이야.

또는 '자칫하면 눈치 없는 너 때문에 우리도 깨질 수 있으니까 조심해줘'라는 의미.

Chapter 3

정글에서 살아남는 힘의 원천, 인맥

• '우군'을 만들기 위해 점검해야 할 7가지 •

항우가 유방에게 진 까닭은 인덕(人德)에 밀려서다. 삼국지의 유비도 관우와 장비가 없었더라면 '쪼다'라고 고(古) 고우영 화백은 말했다. 치열한 조직 경쟁 속에서는 예전처럼 학연과 지연이 든든한 동아줄이 되지 않는다. 그러니 제대로 마음이 맞는 파트너와 동료는 천군만마를 얻는 것과 마찬가지. 자잘한 하자는 서로 덮어주며 '아' 하면 '어' 알아듣는다. 상상만 해도 기쁘지 아니한가? 사람 관계야말로 '하면 된다'.

공부를 안 하는 학생은 시험을 못 보고 훈련을 게을리하는 프로야구 선수의 성적이 좋을 수 없다. 마찬가지로 인맥 관리를 하지 않는 사람은 인맥이 좋을 수가 없다. 인맥 관리라 하면 어쩐지 계산적이고 기회주의적으로 사람을 가려 관리하는 것으로 여기고 "나는 그런 식으로 살고 싶지 않아"라든가 "그런 건 내 적성에 안 맞아"라고 치부해

버리고 있지는 않은가? 특히 젊고, 사무직이며, 여성이거나 개인기로 승부하는 직업일 경우 "인맥 따윈 필요 없어, 성과를 보여주면 되지"라고 생각하는 비율이 높다. 그러나 비즈니스 사회에서 업무와 인맥은 동전의 앞뒷면이다.

좋은 인맥은 업무를 보다 원활하게 만들고 빠른 정보를 제공하며 아이디어나 문제 해결에 직접적인 영향을 준다. 결과적으로 당신을 돋보이게 만든다.

🔍 많이 주고 조금 받는 선물과 연봉의 계산법

호의는 모든 인간관계의 키(key)다. 받고 싶다면 주어야 한다. 줄수록 가까워진다. "나는 열을 줬는데 왜 반도 안 돌아오지?"라는 생각은 성급하다. 연봉이나 선물도 마찬가지다. 세상의 모든 사람들은 대체로 3~5만 원의 선물을 하고 있다고 답하지만, 자신은 평균 1~2만 원짜리 선물을 받는다고 여기는 원리와 같다. 주는 사람은 늘 많이 줬다고 생각하고 받는 사람은 늘 적게 받는다고 생각한다.

열을 줘야 하나를 얻는다는 느낌은 모든 인간관계에 작용하는 상대적 계산법이자, 역으로는 그런 기준으로 호의를 베풀어야 그나마 상대가 '느낄 수 있다는' 의미일 것이다. 당장의 이익과 효과에 연연하지 마라. 인맥은 만드는 것이 아니라 쌓는 것이다. 흔히 사람을 농사에 비유하는 까닭도 여기에 있다. 사람이야말로 하루아침에 생기지 않는다.

🔍 인맥인가, 파벌인가

새로 경력직원이 들어 왔다. 나이도 관록도 빠질 것 없는 그였지만 보수적인 분위기의 기존 조직에 융화가 그리 쉽지는 않았다. 그는 편법을 선택했다. 자신과 비슷한 처지의 다른 직원들이 눈에 띄었고 자신의 위치를 활용해 그들의 입장을 대변하기도 했다. '누군가는 그런 역할을 할 사람이 필요해서'라는 게 그의 이유였다. 일부는 그의 편이 되기도 했다. 그러나 결과적으로 그들은 집단적으로 '섞이지 못하는' 부류가 되고 말았다. 그룹화되지 않았으면 묻혀있었을 갈등이 그룹화되며 권력화된 것이다.

인맥 관리 경전에는 사내 인맥이 절반을 넘어서는 안 된다고 쓰여 있다. 사내에 치중하는 것은 인맥 관리가 아니라 파벌이다. 또 인맥이 주는 다양한 장점, 새로운 시각, 빠른 정보와 아이디어, 구체적인 해결책 등과 거리가 멀어진다. 사내 정보에는 빠를 수 있겠지만, 그룹화되면 이 역시도 한계가 분명해진다. 무엇보다 평가와 이미지가 나빠진다. 악순환의 시발이 되는 것이다.

🔍 까도남보다는 따도남이 되라

차가운 도시 남자의 쿨한 스타일, 어디에도 속하지 않은 자유로운 영혼, 회사와 조직에 대한 충성보다는 어느 날 문득 떠나는 여행의 낭만을 즐길 줄 아는 그…는 분명 멋있어 보이지만, 믿고 따를 만한 대상은 되지 못한다. 물론 시크한 마인드와 라이프스타일을 즐기면서 업무 성과도 뛰어나면 좋겠지만, 그런 경우는 오히려 '나와는 너무 다른 화성인'이라는 생각에 거리감이 느껴진다.

지나치게 자유방임적인 이미지는 신뢰를 얻지 못한다. '저 사람은 원래 그런 사람'이라는 선입견을 심기 쉬운데, 신뢰를 얻지 못하면 통제가 어렵다. 후배나 부하직원 등 이른바 '아랫사람'들은 윗사람에 대해 내 마음과 처지를 잘 이해해주고 따뜻하고 부드러운 인간미와 리더십, 과도하게 몰아치지 않는 업무 추진력 등 현실적으로 존재하기 어려운 환상과 기대를 갖기 마련이다. 스마트함과 개인주의적 자유분방함을 구분해야 한다.

🔍 고마워할 줄 모르는 인간은 아닌가

유관 부서의 어렵고 복잡한 서류를 '귀찮아서'든 '말해봤자 피곤해서'든 묵묵히 처리해줬다고 가정해보자. "○○ 씨, 너무 고마워요. 제가 밥 한번 살게요"라고 대응하는 사람이 있는가 하면, 당연히 이래야 하는 줄 아는 건지 자기가 뭘 잘못 했는지 몰라서 그러는지 무반응 또는 무표현인 사람도 있다. 실은 후자가 더 많다. 자존심이 상해서 또는 노골적으로 표현하기 어색해서 그렇다고 얘기하겠지만, 결과적으로 상대방은 어느 쪽에게 다시 호의를 베풀고 싶겠는가?

'사내 클라이언트'라는 말이 있다. 업무적 갑·을이 아닌 사내 조직 안에서도 관계 형성과 유지에 긴장을 늦추지 말라는 뜻이다. 이것이 평판을 좋게 하고 이미지를 만들며 업무평가에 영향을 끼치기 때문이다.

🔍 부르는 곳에는 반드시 가라

인간적인 모습이야말로 이 시대가 원하는 캐릭터다. 인간적인 모습을 보여주려면 좀 더 자주, 많이 어울리고 가까이 있어야 한다. 일부러 만들고 나설 필요는 없다. 성격적으로 맞지 않다면 매우 어려운 일일 뿐더러 자칫 나대는 인상을 줄 수도 있기 때문이다.

그러나 동문회든 치맥 모임이나 조기축구회든, 부르는 곳은 나가라. 절대 거절하지 말고 적극적으로 참여하는 것이 좋다. "그 모임에는 사람들이 별로야"라든가 "거기는 잘난 척 하는 ○○가 있어서 재수 없어" 또는 "그런 데 나가는 것보다 집에 가서 잠이나 자는 게 편해"라고 생각하지 마라. 그렇게 일일이 따지고 걸러내고 저울질하다 보면 남는 것이 없다.

좀 거슬려도 참고, 그렇게 부딪히다 보면 또 절반은 '알고 보면 괜찮은 사람'이다. 상대방도 당신에 대해 마찬가지로 인식하게 된다. 밝고 활기찬 인사는 기본이다. 유관 부서는 일 때문만이 아니더라도 오가며 들러 안부도 묻고 일상사를 나눠라. 요즘 흡연자들의 거의 유일한(?) 메리트는 '담배를 함께 피우며 얻어지는 회사의 물밑 정보'다.

선배 또는 관리자라면 권위를 포기하라

사실 조직이 굴러가는 데 있어 권위란 좋은 의미이자 필요한 개념이다. 그러나 현실 세계에서는 거부하고 싶은 부정적 측면이 강하다. 권위 자체가 아니라 '권위를 내세우는 것'이 문제이기 때문이다. 권위적인 사람에게 다가가고 싶은 사람은 없다. 권위적인 사람에게 적극적인 경우는 아첨과 아부를 통해 무언가 다른 이득을 얻고자 하는 사람일 뿐이다.

그런데 또 권위적인 사람은 아첨과 아부에 약하기 쉽다. 주변에 다가오는 사람도 없고 입안의 혀처럼 구는 상대가 좋고 편하게 느껴진다. 그러나 표리부동한 그들은 위기 상황이 오면 이내 본심을 드러내며 절대로 '당신의 편'이 되지 않는다. 제대로 된 우군이 아니라는 얘기다.

반면 권위적이지 않고 인간적이고 친근한 선배와 상사에게는 자연히 후배들이 따른다. 윗사람에게 하기 힘든 상담 등으로 사내 정보에 통달하게 된다. 이미지와 평판이 좋아진다. 문제가 생기면 사람들이 쉽게 도와준다. 주변의 사기를 높여 업무 성과가 향상된다. 리더십을 인정받는다. 선배로서 상사로서 자연스럽게 권위가 생긴다. 권위를 포기하면 더 많은 권위가 돌아온다.

Chapter 4

나, 직장우울증인 것 같은데

• 회사 우울증에서 벗어나는 셀프치유법 •

직장인 2/3가 회사우울증, 직장우울증에 시달리고 있다고 한다. 이 통계수치는 해마다 증가하고 있는 중이다. 회사에 가기 싫고, 회사 안에만 있으면 가슴이 답답하고, 머리가 아프고 복통이 찾아온다. 회사 밖에 나서면 생기가 도는 경우도 있지만 평소에도 심한 무기력증과 의욕상실에 시달린다면 중증이다.

누구나 겪을 수 있는 직장우울증. 상사의 괴롭힘, 동료들과의 불화, 과도한 업무와 성과에 대한 부담감 등이 원인이다. 직장우울증은 미래에 대한 불안감, 자존감 상실 등으로 발전하고 심한 경우 공황장애 등 질환으로 이어질 수 있다.

자신에게 맞는 직장을 새로 선택할 수 있다면 좋겠지만, 그렇지 못한 것이 현실이다. 또 새로 택한 직장이 자신에게 맞는다는 보장도 없거니와 더 나쁜 상황에 놓이기 십상이다.

극단적이고 위험한 선택을 하기 전, 초기 단계라면 스스로 치유하는 자정능력을 먼저 발휘해볼 것을 권한다. 정서적·심리적 질환의 대부분은 '누구에게나 해당'되며 '일시적'일 수 있기 때문이다. 물론 업무에 지장을 초래한다든가 일상생활에까지 침해가 오는 심각한 단계라면 전문적인 상담이 가장 빠르고 확실한 해결 방법이다.

기간별 청사진을 그려보라

불투명한 미래에 대한 불안감. 10~20대를 거쳐 오며 갈등했던 번민이 직장인이 되어서까지 이어질 뿐 아니라, 더 구체적이고 막연하고 암담하게 거대한 벽이 되어 다가온다. 조직의 소모품으로 전락해 어느 날 갑자기 내쳐질지도 모른다는 불안감. 개인적·제도적으로 준비하고 있지 못한 노후에 대한 불안감까지 겹쳐지면 설상가상이다.

그러나 한편으로 스스로 공포의 그림자를 키우며 자학의 쾌감을 느끼고 있는 것은 아닌지? 구체적으로 1년, 3년, 5년 또는 10년 후 자신의 모습에 대한 미래 청사진을 구체적으로 그려보자. 직장을 계속 다닐 때와 그만뒀을 때의 두 가지 타입을 비교해보는 것도 좋다. 대부분 실제보다 상상이 더 우울하며, 종이 위에 그리는 청사진은 의외로 현실적이고 객관적이다.

친구나 가족 등 친밀한 관계의 사람들과 종이를 교환하며 상대의 가까운 미래를 그려보는 페이퍼링도 효과가 있다.

🔍 땡땡이칠 계획을 세워라

하기 싫은 일을 억지로 하는 것만큼 비효율적인 악순환은 없을 것이다. 정 안 풀릴 때는 그냥 내버려둬라. 거래처로 나간다고 하고 오후 내내 시내를 돌아다니며 사람들을 구경하고 서점을 돌고 영화나 전시회도 가보자.

주말과 여가를 이용한 취미활동도 좋지만 시작 자체가 어려운 사람도 많다. 지긋지긋 지옥 같은 업무에서 탈출해 새로운 재미와 성과를 얻는 일석이조의 효과를 기대하는 것이다. 자신의 업무 패턴을 잘 들여다 보면 일주일 중 어느 요일과 시간대에 어느 정도쯤 자리를 비우고 업무를 중단해도 별 탈이 없을 만한 타이밍을 찾아낼 수 있다.

일주일에 한 번씩 극장에 가서 영화 한 편씩을 보다 보면 두세 달 사이 거의 모든 개봉영화를 섭렵한 자기 자신을 발견하게 된다. 서점을 드나들다 보면 특정분야의 이슈와 지식정보가 자신에게 쌓인 것을 깨닫게 될 것이다. 한강변이나 공원을 걷다 보면 소화기능이나 두통 등이 완화된 것을 확인할 수 있다. 실제로 걷기는 정서적·심리적 안정감과 균형 있는 사고를 돕는 두뇌 리프레시(refresh) 효과가 있다.

🔍 회사, 업계 외의 커뮤니티를 가져라

포털사이트 동호회나 인터넷카페 정도로도 충분하다. 평소 관심 있던 분야도 좋고 전혀 새롭게 호기심을 발휘해도 관계없다. 단, 업무와 관계된 분야가 아닐 것. 특히 인터넷카페 활동은 업무시간 중의 땡땡이에도 적합하다는 장점이 있다.

유명한 대형 커뮤니티라면 같은 회사나 관련 업계 사람과 마주칠 수 있는 점이 감점 요인이다. 전혀 다른 분야를 원칙으로 하고, 가급적 회사나 업무 관련 멘트는 올리지 않도록 한다. 누가 알까 봐서가 문제가 아니라 문제해결과 치유에 도움이 되지 않아서다.

아는 사람을 마주치는 것도 반가운 일은 아니다. 친한 혹은 이런저런 지인들이 엮인 SNS도 큰 도움은 되지 않는다. 타인에게 피해를 끼치지 않는 선에서 익명의 자유로움을 최대한 즐겨라. 만약을 위해 자신의 실명으로 가입하지 말고 다른 가족의 명의를 빌리도록 한다. 단 익명을 이용한 키보드 워리어가 되라는 것은 아니다.

때로는 싫다고 표현하라

윗사람과 동료들 눈치 보고 비위 맞추기는 직장생활의 기본 매뉴얼이라고 하지만 정도가 지나치면 지치는 게 당연하다. 성격상 유독 힘든 사람도 있다. 또 상대가, 주변 환경이 유별나서 더 힘들기도 하다.

때로는 힘든 것, 싫은 것은 내색하고 표현하라. 싸우고 불평하라는 것은 아니다. 상대의 지나친 요구에 적당한 이유를 들어 거절하고 영 싫은 상황이라면 마음에도 없는 맞장구를 치지 말고 그냥 대꾸를 하지 않는다든지 전화를 받는 척하며 그 자리를 떠나버리는 것도 방법이다.

어차피 우울의 그늘은 남들도 알게 된다. 혼자서 끙끙 앓으며 숨기는 것이 오히려 더 위험하다. 평소 친절하고 매너 좋던 사람이 어느 날 냉소적이 되고 기운이 없을 수도 있는 것이다. 지나치게 자신을 포장하려는 자세를 버려라. 그런 경직성이 오히려 부작용을 가져온다.

인생 이모작을 계획하라

조그만 동네 와인바, 테라스가 달린 목조주택을 짓고 텃밭을 가꾸며 사는 전원생활, 가족이 함께 운영하는 제과점…. 현실 가능한 바람이면 가장 좋고 가능하지 않을 것 같다면 지금부터 준비해보자.

회사에서 정년을 맞는 것도 의미 있고 좋은 일이지만 그 전 또는 정년 후라도 이어지는 수십 년의 삶. 자신이 가장 잘할 수 있는 일, 하고 싶은 일을 먼저 떠올려보는 것에서 출발한다. 수익률, 투자가치 등은 뒤로 미뤄두자. 돈과 성공 등 물리적인 것에 집착하면 다시 제자리일 뿐 아니라 오히려 더 큰 갈등의 골이 생겨버린다.

재미있고 흥미가 있어야 싫증 내지 않고 오랫동안 한 단계 한 단계 쌓아갈 수 있다. 그리하여 주변의 정보를 모으고 책을 사보고 동호회나 교육기관 등에서 더욱 적극적으로 준비하게 된다면 베스트다.

종합비타민과 영양제를 섭취하라

'건강한 몸에 건강한 정신'이다. 미네랄과 비타민 불균형이 우울증과 과대망상증을 가져온다. 충분한 수면과 규칙적인 운동으로 신체 컨디션을 잘 조절할 수 있다면 더할 나위 없겠지만 대다수 직장인들에게는 어려운 얘기. 그 정도로 자기 스스로를 관리하고 유지할 수 있다면 애당초 직장우울증 같은 것과는 거리가 멀 것이다.

하루 한두 알의 종합비타민제를 꾸준히 복용하면 좋다. 또 물을 많이 마시도록 한다. 신체순환을 활성화시켜 긍정의 에너지가 솟구치게 할 수 있다. 앞서 말한 걷기도 가장 쉽고 좋은 셀프치유의 방법이다. 보기 싫은 사람들과 얼굴 맞대고 점심 먹지 말고 일주일에 최소한 하루이틀 이상, 약속이 있다고 한 다음 회사에서 멀리 떨어진 곳으로 걸어가 점심을 먹고 다시 걸어와 보자. 정신적으로나 육체적으로나 한결 가벼워지는 것을 확인할 수 있을 것이다.

비자금을 만들어라

가슴에 손을 얹고 생각해보자. 물론 가계와 부양의 문제 등이 물리적으로 부담되는 경우보다는 '돈이 없어서'는 핑계인 경우가 더 많을 것이다. 배낭 하나 등에 지고 세계를 돌며 스스로를 위해, 그리고 세상을 위해 살고자 노력하는 한비야가 세계일주를 꿈꾸던 20대 직장인 시절, 통장에는 늘 1년 치 연봉만큼의 저금액을 모아두었다고 한다. 본인이 정말 하고 싶은 일이 생겼을 때, 정말 원하지 않는 상황이 닥쳤을 때 자유로울 수 있기 위해서였단다.

급여생활자로서 한 달에 10만 원의 비자금을 모으기란 그리 어려운 일은 아닐 것이다. 형편이 되면 30만 원도 좋고 더 잘 버는 사람이라면 100만 원도, 그 이상도 어렵지 않을 것이다. 형편이 허락하는 한도 내에서 비자금을 만들어두자. 온전히 나 스스로를 위한, 나만이 아는.

이 돈이 몇 백, 몇 천으로 규모가 커지게 되면 그 순간의 카타르시스와 자신감은 수직상승한다. 어쩌면 그 비자금을 모으는 1년, 3년이라는 시간 동안 직장우울증은 어느새 자취를 감추고 있을지도 모르는 일이다.

Chapter 5

스마트한 더치페이 라이프

• 내자니 아깝고 안 내자니 눈치 보이는 월급쟁이의 애환 •

더치페이가 나쁘다 옳다의 문제는 아니다. 다만 여럿이 함께 하는 조직생활에서, 상급자와 하급자 간의 과거와 현재의 모럴이 공존하는 가운데, 사람들의 기분을 거스르지 않으면서 스트레스를 덜 받을 수 있다면 좋은 일이다.

출근 후

막내 팀원이 자리에서 일어서며 말한다.

"저 커피랑 샌드위치 사올 건데, 주문하실 분 있으세요?"

여기저기서 "나는 커피", "나도 샌드위치" 주문을 하며 돈을 건넨다. 이때 팀장도 거든다.

"나도 샌드위치 세트 하나."

1만 원짜리 하나를 건네면서, 말한다. "거스름돈은 지금 미리 줘."

야근 중

A와 B는 동기 간이다. 어느날 야근 중, 선배들 심부름으로 간식거리를 사러 둘이 함께 나가게 됐다. 늘 선배들에게 얻어먹는 게 미안했던 A.

"오늘은 그냥 저희가 사올게요"라며 선배들이 주는 돈을 거절했다. 물건을 고르고 계산대 앞에 서자 B가 말한다.

"네가 산다고 했으니 이건 네가 계산해."

짜증이 일었지만 평소 워낙 짠순이라 그냥 참았다. 사온 간식거리들을 테이블에 펼치며 B가 선배들을 불러모은다.

"선배님들, 오셔서 간식 드세요. 저희가 산 거예요."

아니, 이건 뭥미?

점심시간 전

오늘은 김 부장이 점심 약속이 있단다. 그러면 이 차장은 또 모두 함께 밥 먹으러 가지 않을 것이다. 물어볼 필요도 없지만 그래도 예의가 그렇지 않아 묻는다.

"이 차장님, 점심 안 드세요?"

"아, 난 뭐 처리할 게 좀 있어서 이따가 따로 먹어야겠는데."

'그래. 그럴 줄 알았어. 부장 없이 자기가 우리랑 가면 우리 밥값을 자기가 내야 하니까 피하는 거 알아. 그까짓 것 얼마나 된다고 사람 참 쪼잔하네, 쯧.'

<u>점심시간</u>

팀원들이 함께 점심을 먹는다. 다섯 명이 가서 메밀국수 한 그릇씩 먹으니 4만 원 정도 계산이 나왔다. 팀장이 "내가 내지"라며 앞선다. 커피를 마시러 간다. 각자 자신이 마실 커피를 주문하는데 팀장 바로 아래 박 과장은 "나는 아메리카노"라며 2,000원을 낸다. 그러자 나머지 직원들도 각자 자기 커피값을 각출하는 분위기로 전환. 막내가 수습한다.

"쿠폰 다 채웠으니 팀장님은 안 내셔도 돼요." 그나마 다행인가?

<u>회식</u>

부서개편이 있고 나서 첫 회식. 1차는 법인카드로, 2차는 부장이 계산한 다음 먼저 귀가. 모처럼 만에 흥에 겨운 팀원들이 3차를 가자며 분위기를 띄우는 순간, 차장이 말한다.

"3차는 누가 계산하게? 더치페이면 가고."

오 대리 얼굴에 짜증이 확 돈다. 넉살 좋은 김 대리가 "뭐 어떻게든 되겠죠. 일단 갑시다. 갑시다."

달랜다. 그러나 차장은 계속 버티는 중.

"확실히 해. 더치페인지 아닌지. 나중에 나 바가지 씌우지 말고."

오 대리, 결국 못 참는다.

"그럼, 차장님은 그냥 가시든가요!"

분위기는 일순 싸해지고, 결국 흥겨운 회식은 고성과 싸움으로 끝났다는 우울한 이야기.

이외에도 온갖 종류의 더치페이를 둘러 싼 직장 내 에피소드와 신산고초는 이루 말할 수 없을 만큼 풍부하다. 연봉이 많다든지, 부서 경비가 풍요롭다든지, 영수증 처리가 잘된다든지 하면 무슨 걱정이랴. 그러나 대부분의 회사들은 경비 처리가 빡빡하고, 점점 빡빡해지고 있고, 앞으로 더 빡빡해지기 쉽다.

그러나 아직도 한국사회는 '윗사람', '아랫사람'이라는 개념이 존재한다. 여기에는 밥값, 술값, 커피값 따위는 윗사람이 내는 것이 당연하다는 전제가 포함돼 있다. 일종의 아노미다.

일단 부장 등 중간관리자들의 급여가 예전 같지 않다. 숫자는 비슷하거나 더 높아졌을지 몰라도 잘 아시다시피 고물가와 사교육비 등 지출 비중이 크기 때문에 용돈 씀씀이는 몹시 타이트하다.

게다가 물가가 올라도 너무 올랐다. 냉면 한 그릇에 1만 원, 김치찌개도 싸야 7,000원이다. "오늘은 부대찌개 어때?"라든가 "모처럼 칼국수 한 그릇씩 할까"라는, 직장인의 큰 기쁨 '메뉴 고르기'를 하는 순간 1인당 1만 원부터 시작이다. 가끔도 아니고 일주일에 몇 번씩은 정말 어려운 규모다. 그럼에도 불구하고 새로 리모델링한 대형 건물의 럭셔리한 지하식당가에서 가슴에 출입카드를 단 직장인들이 런치 메뉴 1만 5,000원, 2만 원 메뉴를 즐기는 모습은 더치페이가 아니면 힘들지 않을까 하는 생각도 든다.

받으면 그만큼 내야 한다는 사실이 부담스러운 마인드도 확산일로다. 차라리 안 받고 안 낸다는 주장이 점점 많아지고 있는 중. 여직원들이 많은 회사는 이런 분위기가 일찌감치 정착돼 있기도 하다.

🔍 잔돈을 활용하라

윗사람이 기분 좋고 자연스럽게 계산해주면 가장 감사한 일이지만, 상사의 지갑이라고 해서 화수분도 아니고 늘 그러기는 힘들다. 전액을 계산하기 부담스러울 때는 잔돈을 제외한 나머지만 내는 것도 한 방법이다. 예를 들어 셋이 가서 1만 7,000원가량 나왔다면 1만 원 정도만 내고, 2만 8,000원 정도 나왔다면 2만 원만 내는 식. 또는 잔돈을 받지 않는 것도 한 방법이다.

🔍 3·5·7 전략을 구사하라

한국인은 3·5·7이라는 숫자에 친숙하다. 반만 내겠다고 말하기도 뭣하고 "이게 다야" 하며 구차하게 설명하기도 힘들다. 그냥 3만 원, 5만 원씩 1만 원짜리 몇 장씩을 홀수로 내준다. 현금으로 내줘야 분위기가 자연스럽다. 가급적 5,000원짜리 같은 것은 섞지 말고 1만 원짜리면 좋다. 사전에 현금 준비 정도는 해두자.

🔍 얌체에게는 노력할 필요 없다

늘 받아먹기만 하는 사람들이 분명 존재한다. 윗사람에게는 얻어먹고 아랫사람들과는 당당히 더치페이다. '형편이 어려워서'라고 이해하기엔 알차게 큰 평수로 이사하기도 하고 좋은 동네에서 살고 있다.

석연치 않다. 이런 사람들과 둘이 있을 때 굳이 5,000원, 1만 원 더 쓸 필요는 없다. 과감히 자신이 먹은 것만 내고 자리에서 일어나도 된다. 그렇다고 해서 본인이 다른 직원에게 "김 부장은 내 설렁탕 값도 안 내주던 걸" 하고 욕할 처지가 아니다. 그렇게 했다가는 본인만 우습게 될 것이다.

🔍 더치페이도 선택과 집중이 필요하다

더치페이가 편한 게 사실이지만 그럼에도 어렵게 고민해가며 밥값, 커피값을 내는 까닭은 '정서' 때문이다. '내가 지금은 좀 어려워도 이렇게 하는 게 나중에 부서 분위기에 도움이 되겠지'라는 생각이 대부분이다. 후배 중에도 아랫사람들을 잘 챙기려 노력하는 사람이 있다면 그 후배와 있을 때 그런 선배의 모습을 보여주는 것이 더 효과적이다.

🔍 가끔은 솔직해도 된다

"나 이번 달 적자야."

"지난 번 1/n 타격이 너무 큰데 당분간 김 차장이 나 좀 챙겨 줘."

이렇게 말할 수 있다면, 절반은 성공한 팀 생활 중에 있다고 생각해도 된다.

"저 사람은 평소에 돈을 잘 썼으니까"라는 인식이 있다는 얘기.

어차피 용돈 안에서 해결해야 한다. 선배라서, 직급이 어느 정도 돼서 후배들과의 밥값 등에 대한 부담이 있다면 대략적인 예산 규모를 염두에 둘 필요가 있다.

일주일이나 한 달 용돈 중 대략 어느 정도까지 운용(?)이 가능한지를 체크해보고 그에 맞춰 일주일에 한 번 정도, 찻값이나 밥값, 호프집에 간다면 대략 얼마 선 정도를 지불하겠다는 등의 기준을 만들어 두면 도움이 된다. 막상 그 상황이 되면 그렇게까지 꼼꼼하게 따지고 실천하기는 어렵겠지만 기준이 있고 없고는 분명 차이가 있다.

늘 받기만 하는 것은 실례

꼭 상하 직급의 문제, 저 사람이 나보다 연봉이 많고 적고의 문제가 아니라 '늘 받기만 한다'면 가끔은 답례할 줄도 알아야 인지상정이다. 윗사람이 밥을 샀다면 찻값 정도는 받은 사람이 대접해야 도리다. 때로는 그조차 윗사람들이 계산하려 들 텐데, 그 상황이 아니더라도 나중에 음료수나 간식을 따로 가져다 준다든가 하는 식으로 감사의 뜻을 주고받는 것이 매너다.

🔍 그렇게 먹고 나오면 인사 한마디는 필수

앞서 얘기한 대로 상사의 지갑이 화수분이 아니거늘 일껏 먹고 계산하고 나오면 그것이 당연한 줄 아는 사람이 있다. 윗사람이든 아랫사람이든 누군가 돈을 더 낸 상황이라면 적어도 "맛있게 잘 먹었습니다"라는 인사 한마디는 기본 예의다.

윗사람이 돈은 내는 것이 당연한 줄 알고 휴대폰 문자 확인이나 다른 일로 자리를 뜨는 경우가 의외로 많다. 꼭 인사치레를 듣기 위해 돈을 내주는 건 아니지만 즐거운 인사는 돈을 내 준 사람 입장에서 '본전 생각'이 들지 않게 하는 것이기도.

굴러온 돌이 제대로 자리 잡으려면

• 조직 살리고 나를 키우는 텃세 극복법 •

안정되고 오래된 조직일수록 '텃세'라는 게 심하기 마련이다. 조직문화나 분위기라는 표현도 쓸 수 있겠지만, 직원이 제 능력을 발휘 못하고 매몰될 때는 분명히 '텃세'다. '혁신', '쇄신', '새 술은 새 부대에' 등 때만 되면 새로운 시작과 목표를 각오하고 다지며 전략적인 인사를 통한 변화·발전을 강조하기 전에 이 조직이 텃세로 굳어 가는지, 변화 발전을 수용하는 조직문화를 갖고 있는지부터 돌아봐야 한다.

CASE1

굴지의 대기업에서 임원진을 모두 해외 전문가로 채우는 전격적인 인사가 단행된 적이 있었다. 각 분야 최고 전문가를 스카우트해 글로벌 경쟁력을 키우는 것이 목적.

그러나 이들의 계약은 수년 내 모두 해지되거나 더 이상 연장되지 않았다.

CASE2

N 사에 전격적인 인사가 있었다. 새로운 팀장이 영입된 것이다. 그런데 이 기업은 몇 년씩 내부에서 경력을 쌓으면 팀장으로 승진하던 곳이다. 최근 성과가 급격하게 하락하고 있었고 여러 이유로 내부 인사는 불가능한 상황. 팀원들의 요청에 의해 외부에서 팀장을 데려온 것인데, 새로 온 팀장은 몇 개월째 정착을 하지 못하고 있다. 팀원들이 비협조적이라는 소문도 들린다.

CASE3

K 사 마케팅팀에 새로 경력 사원이 입사했다. 국내 최고 기업에서 경력을 쌓은 엘리트다. 정기 공채가 아닌 특채로 사실상 스카우트. 팀원들은 바짝 긴장했고 관리자들은 팀에 새로운 활력과 성과가 나오기를 기대했다. 그러나 2년이 지난 지금, 그로 인해 팀 단위의 성과가 올랐다는 평가는 받지 못하고 그는 현재 물리적인 업무에 매몰돼 있다.

매스컴의 스포트라이트를 받으며 업계 최연소 임원으로 화려하게 사회에 입성한 어느 천재 과학자는 사내외 온갖 루머와 스캔들에 시달리며 회사를 옮기고, 하버드에서 홍보와 마케팅 관련 학위를 몇 개나 받은 여성 임원은 로열패밀리라는 의혹과 파벌에 의해 점점 골방으로 밀려나고 있다. 이들의 능력이 문제일까? 궁합이 안 맞는 것일까?

어느 기업이나 새로운 조직구성, 업무 혁신을 요구한다. 스스로 목표를 설정하고 성취를 통해 조직에서 인정받는 사람에게 경쟁은 피할 수 없다. 여성, 나이 어린 사람, 외부에서 온 경우는 더 불리하다. 사내 파벌과 관계가 좋지 않거나 '줄을 잘못 선' 경우도 마찬가지다.

정면돌파를 한다면 더 높은 성과를 내서 더 이상 할 말 없게 만들거나, 제대로 된 네트워크 관리를 통해 자신의 입지를 굳혀가는 방법이 있다. 밤낮 없이 현장을 뛰어 성실함으로 극복할 수도 있다. 남다른 아이디어와 기획으로 차별화하거나 높은 충성도를 보여 인정을 받아도 좋겠지만 조직사회에서는 관계가 능력이다.

미국 컬럼비아대에서 기업 CEO들에게 성공의 요인을 물었더니 93%가 '인간관계'라 답했다. 사회는 철저하게 화학적이고 유기적이다. 세상은 10%의 아주 특별하게 뛰어나거나 무능력한 사람과 90%의 평범한 사람들로 구성돼 있다. 이 90%의 사람들 안에서 폭발적인 시너지가 창출되기도 하고 끝없는 추락이 계속되기도 한다.

각자의 방식으로 일적 성과를 창출하되 조직의 방식을 이해하고, 차별 없이 일하고 평가하고 평가받을 수 있도록 노력해야 한다는 얘기다.

선입견에 동의하라

'외국과 우리나라는 정서가 다르니까.'
'외국과 우리는 현실이 다르니까.'

외국인이나 외국에서 학위를 딴 소위 '엘리트'에게 깔려 있는 선입견이다. 최연소, 여성이라는 조건도 마찬가지다. 더 좋은 회사에서 스카우트한 경우도 마찬가지다. 그들은 당신을 두고 "이곳의 현실을 몰라"라는 판단을 하고 있다. 그러나 숨은 진실은 "변화를 위해 혼란스러워지기 싫어. 지금 이대로가 편해"다. 물론 회사나 조직의 성과나 발전 따위는 중요하지 않다.

선입견을 가진 사람에게 다가가는 것만큼 어려운 일은 없다. 그러나 선입견은 깨지 않으면 결국 피해를 입게 된다. 우선 긍정하고 동의하고 표현하도록 노력하라. 약간의 액션도 취할 수 있으면 좋다. 네트워크가 있으면 좋은데, 분명히 사내에 당신과 같은 입장의 사람들이 존재할 것이다. 파벌을 만든다는 느낌을 주지는 말고 그를 통해 인맥을 넓힌다고 생각하라.

🔍 표현하고 조치하고 해결하라

마음에 들지는 않지만 조직의 문화나 분위기라 여기고 가급적 건드리지 않고 점진적으로 분위기를 바꿔나가려는 경우도 있다. 이렇게 해서 시간이 지나 해결이 되면 가장 좋기는 하나 현실적으로는 대부분 실패한다. 긴장했던 이들은 시간이 지날수록 생각보다 '만만한데'라고 생각하게 된다. 당신의 업무적·인간적 허점도 눈에 띌 것이다. 그리고 지금까지 수많은 상사와 경쟁자들에게 해왔듯이 당신에게도 자신들도 모르는 방어기제를 만들어가게 된다.

인정하고 기다리는 것은 영입 초기에 아주 잠시 할 일이다. 사실은 버스에 태울 사람, 태우지 않을 사람을 스캔하는 시기이기도 한다.

그렇게 지내는 동안 변화발전의 여지가 더이상 없으면 결정을 내리고 행동에 옮겨야 한다.

문제가 되는 행동이나 태도에 대해 정확히 표현해야 한다. "이러이러한 점은 불편하다. 내게 무슨 잘못이 있는지? 어떤 이유인지? 앞으로 해결할 의사가 있는지?" 등을 간결하지만 조목조목 정확하게 알린다. 그 자체만으로도 50%의 효과는 볼 수 있다.

모두 한 배에 싣고 갈 수는 없다

당신이 상사 입장이라면 더욱 필요하다. 절이 싫으면 떠나야 한다. 떠나지 않고 지속적으로 불평불만을 퍼트리고 조성하는 것만큼 조직에 해가 되는 것은 없다. 대화를 통해 발전 가능성을 확인하지 못했다면 일정 기간을 제시한다. 짧게는 한 달, 길면 석 달 정도 지켜보고 노력하는 기간으로 한다.

그러나 여기까지 오는 경우 변화할 확률은 그리 높지 않다. 업무 내용이나 부서 등을 바꾸거나 조정할 수 있는 방법을 찾아보라. 인력 관리에서도 선택과 집중은 중요하다. 될 놈만 데리고 가는 것도 때에 따라서는 필요하다. 또 '일벌백계'의 효과도 볼 수 있다.

의지는 있으나 몸이 따르지 않는 경우도 있다. 이럴 경우는 업무조정 기간을 두고 직접 관리 체제에 돌입한다. 길게 갈 수는 없는 방식이지만 여기까지 왔다면 역시 반 이상은 효과를 거둔 셈이다.

당신을 안전한 사람으로 인식시켜라

텃세를 부리는 사람들은 본인들이 의식하든 의식하지 않든 상대가
자신을 위협하거나 자기 것을 빼앗지 않을까 하는 두려움을 갖고 있
다. 상대가 가져올 변화와 혼란, 그 과정 중에서 자신이 입을 리스크
를 두려워하는 것이다. 경쟁 상대라면 더 심할 것이다.

정말로 부딪혀 싸우고 빼앗아야 할 관계가 아니라면 '나는 안전한
사람'이라는 인식을 갖게 하라. 달라면 주고, 싫다면 받지 마라. 쓸데
없는 감정싸움으로 피곤하게 왈가왈부할 필요는 없다는 얘기다.

"여기는 왜 이런가요?"라는 의문은 갖지도 말고 입 밖으로 내지도
마라. '여기'라는 단어를 쓰는 순간 동화되지 않고 있던 관계가 수면
위로 떠오른다. 당신에게 호의적인 사람들조차 뜨악하게 만들 수도
있다. 로마에 가면 로마법을 따르는 것이다. 적어도 그 법이 당신을
해하는 게 아닌 이상은.

다시, 결국은 성과가 모든 것을 말한다

이 모든 갈등과 거리의 핵심은 가능성을 지닌 누군가가 기존의 조
직 안에 들어왔을 때라는 사실이다. 그렇게 들어와 성과를 보이는 것
은 당연지사다. 성과를 보이지 못하면 100% 또는 그 몇 배의 조소에
묻히게 될 수도 있다.

스카우트를 당한 사람이라 가정해보자. 아마 새로 들어간 곳은 당

신이 몸담고 있던 곳보다 규모나 실적 면에서 좀 떨어지는 곳일 확률이 높다. 그런 당신의 마음속, "내가 여기서 이 사람들보다 못하겠어?"라는 생각은 없는지? 그저 이곳에 와준 것만으로도 이 회사가 빛나고 한층 업그레이드된 것이라 믿고 있는 것은 아닌지?

당신을 스카우트한 회사와 상사들은 당신의 실적을 기대하고 있다. 가능하다면 초기에 보여주라. 시간이 지나면 방해꾼들에 의해 실적이 가려지고 묻힐 수 있다. 또 초기에 보여주는 실적은 그 포스와 임팩트가 큰 법이다. 쿠데타를 일으킨 왕과 권력자들이 초기에 큰 국책사업을 벌이는 것도 이런 까닭이다.

조직 내 융화에 진전이 보이면 다시 성과를 올리는 데 최선을 다하라. 결국 실적과 숫자 앞에서 할 수 있는 말이란 아무것도 없다.

Chapter 7

'욱' 하는 성질 버리기

• 나 자신을 위한 분노 조절법 •

오늘도 이 과장은 폭발할 수밖에 없었다. 실컷 하루 전에 보고서를 완료했더니, 예비안을 하나 더 보충하라는 것 아닌가! "이러시면 곤란하다"고 얼굴 붉히며 상사에게 항의했지만, 상대는 묵묵부답. 문제는 해결되지 않고 사무실 분위기는 싸해졌다.

붉으락푸르락하는 이 과장을 데리고 옥상으로 올라간 김 대리.

"과장님이 참으세요, 하루이틀 일도 아니지 않습니까?"

미스 리도 거든다.

"아, 정말 꼭 퇴근 시간 직전에 뭐 해라 뭐 해라 정말 짜증 나요."

위로인지 부추김인지 어쨌든 옆에서 거들어주니 이 과장의 마음이 조금 풀어지려 한다.

'그래, 내가 언성이 좀 높아지는 바람에 옆 부서 사람들까지 쳐다본

게 영 찝찝하긴 하지만, 어쨌든 부당한 거니까 다들 이해하겠지.'

그러나 주변 사람들의 의견은 조금 다르다.

"뭐 화낼 만도 하지요. 이해는 하지만, 그렇다고 항의해서 상황이 달라지는 건 아니잖아요? 저라면 그냥 참고 맙니다."

"상사가 잘했다 못했다를 떠나서 번번이 시끄러운 소리가 나는 건 이 과장이라는 게 문제죠. 좀 피곤하기도 하고요. 그냥 조용히 넘어가면 안 된답니까?"

"그 팀장의 문제는 회사 사람들이 다 압니다만, 이 과장도 똑같은 사람이죠. 맞상대를 해봤자 본인 손해인 것을…."

"어찌 됐든 상사에게 얼굴 붉히며 대드는 것은 보기 좋지 않습니다."

이것이 현실이다.

화내는 사람만 손해인 세상

《생각 버리기 연습》이라는 베스트셀러 도서는 내용도 내용이지만 제목 덕을 톡톡히 본 책일 것이다. 저자 코이케 류노스케 스님의 《화내지 않는 연습》이라는 책도 있다. 이제는 고인이 된 박완서 작가의 《나는 왜 작은 것에만 분노하는가》라는 책은 솔깃한 제목의 스테디셀러다.

이런 책들이 주목을 받는 이유는 마음속에 누구나 다들 크고 작은 분노의 불꽃을 안고 이 세상을 살아가고 있기 때문이다. 그러다 어느 순간 자신에게 또는 불특정다수에게 행해지는 '부당함'에 그 불꽃이

피어올라 순식간에 분노 게이지가 차오르고 때로는 폭발하게 되는 것이다.

그렇게 분노가 치솟아 넘쳐 오르고 나면 온몸에 기운이 쏙 빠지고 머리가 어질어질하거나 손과 발이 부들부들 떨린다. 터질듯이 빠르게 두드려대는 심장박동에 정신이 다 혼미해진다. 그리고 조금 진정되고 나면 '내가 왜 그랬지' 하는 후회와 '괜한 짓을 한 건 아닌가' 하는 두려움이 급물살처럼 밀려든다. 나를 바라보는 사람들의 시선도 어쩐지 따가운 것 같다. 소심한 성격이라면 집에 돌아가 잠을 이루지 못하기도 한다. 하루가 지나고 또 며칠이 지나 자신과 주변인 모두 그 일을 잊고 있던 참, 다시 비슷한 상황이 반복된다.

이쯤 되면 상황의 옳고 그름은 중요하지 않게 된다. 아무리 부당한 상황에서 옳은 말을 했다 치더라도, '조용히 알아서' 굴러 가기를 원하는 회사와 조직은 반복적인 소란에 "또 시작이야?"라고 여긴다. 주변의 질시만 남는 것이다. 본인도 힘들고 주변사람도 피곤하게 만드는 악순환이다. 아무리 뛰어난 능력자라도 이런 성질머리로는 자신의 점수만 깎아먹는 결과를 낳는다.

흔한 통계 결과지만 영원한 물음. "일 잘하고 능력 있는 사람과 일 못하고 성격 좋은 사람 중 누구와 일하고 싶은가?"에 대한 대답은 상사냐 부하냐에 따라 순위가 다르다.

상사라면, 1위는 일 잘하고 성격 좋은, 2위는 일 잘하고 성격 나쁜, 3위는 일 못하고 성격 좋은, 4위는 일도 못하고 성격도 나쁜 순이다.

부하라면, 1위는 물론 일 잘하고 성격 좋은, 2위는 일 못하고 성격 좋은, 3위는 일 잘하고 성격 나쁜, 4위 역시 일 못하고 성격도 나쁜 순이다. 즉, 윗사람에게는 능력보다는 성격이다. 승진하고 싶다면 성격부터 고쳐라. 그러려면 분노를 억누르고 잠재우는 연습부터 시작하라.

🔍 대상이 누구인가

화를 잘 내는 사람과 얘기해보면 "난 그들에게 화를 내고 있는 게 아니라 이 부당한 상황에 대해 항의하고 있는 거야"라는 말을 자주 듣는다. 그러나 분노는 대상에게 표출되는 것이다. 대상이 없으면 분노가 아니고 짜증이다. 직장 내의 분노의 경우는 동료나 상사를 향하고 있다.

본인은 부인해도 상대는 그렇게 받아들이고 있다. 인간인 이상 불쾌하지 않을 리가 없다. 상대가 잘못한 상황이라면 불쾌함이 배가되므로 더 안 좋을 수밖에 없다. 분노에는 대상이 존재한다. 그렇게 생각하면 조직생활에서 분노는 그 자체로 두려운 일이다.

🔍 상상하고 비약하지 마라

대체로 상황 발생→이전의 불만들이 집합→과도한 의미 부여→감정 폭의 순으로 진행되는데 지나친 의미 부여에 따른 과잉 감정과 비약이 좋지 않은 결과를 낳는 것이다. 실제로 그렇게까지 분노할 일은 조직 안에서 모의되지는 않는다.

단것, 담배, 물 한 잔

담배의 백해무용론에 맞설 수 있는 유일무이하다시피 한 미덕 하나는 '순간적으로 끓어오르는 분노를 잠시 억누르는 한 순간을 제공'한다는 것. 참아야 하는데, 참으면 좋은데, 도저히 참지 못하는 상황도 분명 존재한다. 그럴 때 담배 한 개비 또는 사탕이나 캐러멜 등 달콤한 것을 입에 넣는다. 단맛은 심리적으로 위안을 주고 엔돌핀을 긍정적으로 물들여준다. 물 한두 잔을 꿀꺽꿀꺽 마셔버리는 것도 한 방법이다. 차가운 물이 몸 안으로 들어가 열기를 식혀준다.

분노는 충동이다. 머리로 생각하고 스스로 이해할 시간이 별로 없는 감정이다. 몸이 반응할 때 몸으로 누르는 것, 효과가 있다.

애인이나 가족을 희생양으로 삼아라

미안하지만 할 수 없다. 내가 살아야 하니까. 휴대폰은 이럴 때 참고맙다. 들고 나가 죽도록 욕하고 하소연하라. 쿠바의 지도자 피델 카스트로는 피곤할 때 수면 대신 대화와 토론을 즐기는데, 3~4시간쯤 밤새 토론을 이어가다 보면 눈에서 광채가 날 지경이라 한다. '말로써 푸는' 것의 효과는 의사들도 인정하고 있다.

단, 너무 자주 너무 오래 비슷한 내용을 반복하다 보면 상대가 괴로워하고 짜증을 낼 수도 있으니 관계나 상대의 성격을 보아가며 판단하도록.

화를 잘 내는 사람, 화를 내서 상황을 얼음으로 만들어버린 사람은 "제가 틀린 것은 아니잖아요"라고 항변하는데, 화를 내고 분위기를 얼어버리게 만든 그 상황 자체가 중요한 것이지 옳고 그름은 중요하지 않다.

오히려 화를 내는 그 순간 옳고 그름의 중요성은 공중으로 날아가버린다. 차갑게 말하면, 주변 사람들은 사실 그런 당신을 동정하거나 편을 들어주지는 않는다. 때로는 즐거운 구경꾼이 되어 불구경을 한다는 사실을 기억하라.

응석인가, 분노인가

화가 치미는 순간을 떠올려보자.

내가 해놓은 일에 대해 나쁘게 평가받았을 때, 앞으로 더 많은 일을 해야 할 때, 다른 사람에 의해 내가 피해를 감수해야 할 때…. 조금 바꿔 표현하면 칭찬받지 못했을 때, 이제부터 놀 수 없을 때, 귀찮은 일에 연루되었을 때 등이다. 마지막 상황은 팀 플레이와 조직 업무에서는 당연시해야 한다. 즉, 귀찮고 칭찬받지 못하고 놀지 못해서 짜증이 나는 것은 아닌가?

평소의 불만이 분노의 자양분이다

만날 이랬다저랬다 일관성 없는 업무지시, 책임감 없는 무능력한 상사가 싫다. 윗사람에게 잘 보이려 아부하고 은근히 나를 무시하는 동료는 얄밉다. 뺀질뺀질 요령만 피우고 선배 알기를 우습게 아는 듯한 후배는 꼴도 보기 싫다. 회사는 또 왜 이리 비합리적이고 답답한가 말이다. 평소 이런 생각을 갖고 투덜투덜 불평하고 드러내던 사람들이 분노 게이지가 쉽게 달아오른다.

조직생활의 스트레스야 누구나 마찬가지. 그러나 입 밖으로 드러내고 안 드러내고, 행동으로 표현하고 안 하고는 개인차다. 습관은 행동으로 비약되기 쉽다.

때로는 넘겨 버려라

정말 아닌 일, 힘든 일, 싫은 일이 있다. 이럴 때는 끝까지 쥐고 있어 봐야 해결이 나지 않는다. 그럴 때는 비겁해져라. 다른 사람에게 넘겨 버리는 것이다. 평소 미웠던 사람, 뺀질거리던 사람, 어리바리한 후배도 좋다. 의외로 그리로 가서 잘 해결되는 경우도 많다. 능력은 안 되면서 어설픈 책임감과 고집으로 스스로를 들볶다가 주변까지 힘들게 만드는 것보다는 훨씬 나은 선택이 될 수 있다.

마조히스트가 되는 것도 때로는 재미있다

꼭 내가 결정해서 잘 이끌어야 한다, 뭐는 어떻게 해야 하고 뭐는 어떻게 해야만 한다는 생각은 자신에게나 남에게나 스트레스다. 그게 안 풀리면 문제가 된다. 그런 생각은 버리고 물 위에 뜬 것처럼 내버려두라.

괴팍한 상사, 말도 안 되는 요구를 하는 클라이언트, 이상한 것을 주문하는 모든 대상에게 반발하지 말고, 그들을 가르치려 하지 말고, 더 나은 결과에 집착하지 말고, 억울해 하지 말고 그냥 시키는 대로 해보라.

의외로 편하다. 익숙해지면 묘한 쾌감도 느껴진다. 그리고 무엇보다 좋은 것은 '상황이 빨리 종료된다'.

Chapter 8

시스템인가, 개인기인가

• '영 서바이벌(young survival)' 게임에서 살아남으려면? •

2세에게 기업을 물려주고픈 모 기업 오너가 '젊은 조직론'을 언급한 적이 있다. 기업 인사 시즌에 화두는 대개 세대교체다. 나이만 젊을 것을 요구하지는 않는다. 빠르게 변하는 세상 속에 탄력적인 판단과 대응력을 키워야 한다는 의미다. 나는 젊은가? 젊게 일하고 사고하고 판단하는가?

조직에서 젊다는 것은 무엇일까? 육체적 나이만을 생각한다면 슬픈 일이다. 어차피 '정년'이라는 개념은 사라진 지 오래. '글로벌 경쟁에서 살아남기 위해서'라는 명제지만, 기실 경쟁의 대상은 그냥 주변이다. 말 그대로 된다면 탄력적이고 진취적인 자세, 스마트한 판단과 돌진의 의미라면 서로 경쟁의 시너지를 창출할 수도 있겠지만, 눈치 보고 몸을 사리는 시스템의 강고함만 굳어질 수도 있다.

어떤 조직이든 급변하는 세상을 따라잡는 데 가장 중요한 것은 창의력과 실행력이다. 대리든 과장이든 부장이든 젊고 활기차게 일하는 사람을 원하기 마련. 회사와 조직이 원하는 인재의 모습으로 업그레이드하자.

할 일을 종이에 써라 - 우선순위를 정하라

프로세스를 스마트하게 바꾸려면 일의 우선순위를 정하는 것이 중요하다. 일의 우선순위를 정하는 것은 당연히 업무 효율을 높이기 위해서지만 노후된 조직에는 새로운 변화의 단초가 된다.

구체적인 업무를 종이에 기입하라. 그리고 찬찬이 들여다 보며 비중과 일정을 판단해보면 쉽게 순서가 정해진다. 또 기존의 조직에서 윗사람 눈치를 보며 우선순위를 판단해야 했다면 그중 비효율적인 것들을 골라 우선적으로 과감하게 버리자. 우선순위를 정함으로써 의사결정을 신속히 할 수 있다는 것도 이점이다.

정보를 나눠라 - 비전을 보여라

팀장, 리더라면 확실한 주관을 갖고 조직원에게 비전을 보여줄 수 있어야 한다. 비전과 전망을 보여줄 수 있는 리더가 진짜 리더다. 이 프로젝트는 우리 팀에 어떤 의미가 있는지, 우리 회사에서 어떤 비중을 갖는지를 알려주고 책임감과 자긍심, 주인 의식을 갖도록 한다.

확신은 열정에서 나온다. 전문가적으로 접근하고 정보를 조직원들

과 나눈다. 구세대 리더는 정보를 나누는 것을 두려워한다. 젊은 리더
십이란 나눔과 공유를 뜻한다. 실력을 갖추고 커뮤니케이션하라.

🔍 군림하지 마라–직원의 창의성을 키워라

무뚝뚝하고 퉁명스러운 직원, 복도에서 마주쳐도 인사를 제대로 하
지 않는 직원이 있다. 또는 늘 자리를 비우고 영업인지 개인사인지 모
를 일로 분주한 직원이 있다.

순간적으로 '관료주의적 적대심'을 갖게 되기 쉽지만, 특히 크리에
이티브한 직업군이나 직무의 경우 직원의 태도를 관료적인 시각에서
판단하고 관리하려 하면 역효과를 불러일으킨다. 인사를 잘하거나
자기 자리에 오래 앉아있다고 생산성이 오르지는 않는다. 성과를 우
선으로 하고 업무 효율을 가져올 수 있는 다른 아이디어를 고안해내
는 것이 낫다. 영업직이라면 실적으로, 기획이나 창조적인 직무라면
결과로 판단하라.

🔍 중요 업무를 맡아라–멀티플레이어가 되라

당연한 얘기 같지만 의외로 많은 직장인들이 새로운 직무나 프로젝
트 맡는 것을 두려워 하고 피하려 한다. 그러나 대부분의 새로운 일은
'필요하니까' 해야 하는 일이다. 회사는 그 일에 새로운 기대를 걸고
때로는 그 프로젝트가 팀의 운명을 뒤바꿔 놓을 수도 있다. 새로운 일

을 두려워 마라. 만일 그 일이 회사에서 중요하게 생각하는 일이라면 먼저 나서고, 가능하다면 태스크포스팀에 들어가도록 하라. 팀으로 일하게 되면 책임에 대한 부담은 조금 덜해진다. 그러면서도 열성적인 업무 태도에 주목을 받을 수 있게 된다.

또 태스크포스팀은 분야를 막론하고 결성되는 경우가 많다. 다른 분야의 정보를 얻고 기술을 습득해 멀티플레이어가 되는 좋은 경력을 쌓을 수도 있다.

🔍 결정을 빨리 하라─업무 효율을 극대화하라

확실한 비전으로 우선순위를 정하고 정보를 공유하면 당연히 업무 효율이 높아지고 의사결정도 빠르게 진행된다. 결정을 빨리 내리지 못하는 경우는 크게 두 가지다. 하나는 책임지기 싫어서이고 다른 하나는 자신이 없어서다. 그러나 어느 쪽도 결과물을 다르게 만들지는 못한다.

이미 상황에 대한 정보수집이 모두 끝났다면 결정은 빨리 내릴수록 좋다. 결정을 내리지 못하고 우유부단한 모습을 보이는 것은 오히려 무능력하고 눈치 보는 데 급급한 인상을 줄 수 있다. 특히 경험이 많은 팀장이나 간부일수록 빠른 결정이 스마트해 보인다.

🔍 질문을 창피해하지 마라─전문가가 되라

조금만 나이가 들거나 경력이 쌓여도 아랫사람에게 질문하는 것을 피하려 한다. 어쩐지 상대가 나를 우습게 볼 것 같고 자칫하다 무시당할 것 같아서다. 그러나 40대의 관리자가 20대의 신입에게 SNS에 대해 물어보는 것은 지극히 당연하다. 오히려 그런 것조차 묻지 않고, 그렇다고 자유자재로 활용하고 있는 것도 아니라면 '어떻게 저렇게 세상에 무관심할 수 있지?'라는 비난을 면치 못하게 된다.

신입사원에서 출발한 L 사의 Y 사장은 어린 직원에서부터 구내식당 직원, 회식장소에서 만난 레스토랑 매니저에게까지 온갖 질문과 관심을 보인다. 불치하문(不恥下問)이라는 말도 있다. 끊임없는 질문은 다양한 정보를 습득할 수 있고 프로를 만들어준다.

🔍 경제신문을 읽어라-정보력을 갖춰라

아침에 출근하자마자 6개의 신문을 읽어야 한다. 그것이 안 되면 최소한 경제신문 한두 개는 정독할 것을 권한다. 이미 중견 간부 이상은 모두 그렇게 하고 있다. 한 조사 결과 중견 간부 아래 직원들은 단 한 개의 경제신문도 읽지 않는 것으로 나타났는데, 이것은 문제다.

경제신문에는 경제전문 기사 외에도 많은 세상사와 트렌드, 이슈가 들어있다. 경제신문을 매일 읽는 것만으로도 다양하고 풍부한 화제를 갖게 된다. 또 가장 업투데이트(up-todate)한 정보력을 갖게 된다. 스마트폰의 경제신문 애플리케이션을 출근길 버스나 지하철 안에서 훑어보는 것도 좋은 방법이다.

최근 들어 페이퍼워크의 중요성이 무녀져 가고 있는 것 같지만, 반대로 가장 효과적이고 효율적인 페이퍼워크가 강조되고 있는 것이기도 하다. 대표적인 예가 SK그룹 등에서 실행하고 있는 '1장 보고서'다. 무엇이든 1장 안에 핵심만 간추리라는 얘기다.

전산화·시스템화의 결과지만 진짜 프로들은 페이퍼로 승부한다. 꼭 양이 많고 화려한 형식의 파워포인트일 필요는 없다. 간단한 페이퍼워크를 통한 정기적이고 즉각적인 보고만큼 윗사람을 흐뭇하고 편하게 만드는 것은 없다.

당신이 모르는 사이에 많은 경쟁자들은 이미 그렇게 하고 있다는 사실도 알아두자.

옷차림을 점검하라-이미지를 만들어라

당연하고 또 당연한 말이지만 아직도 많은 직장인들이 허름하고 어울리지 않는 복장으로 업무에 임하고 있다. 어지간한 대기업 임원들은 모두 똑 떨어지는 정장의 깔끔한 복장이다.

허리는 반듯하게 세우고 자세도 꼿꼿하다. 엉거주춤한 어깨나 구부정한 허리로 다닌다거나 풀어헤친 셔츠 자락, 흘러내린 허리춤 따위로는 성공할 수 없다.

성공하고 싶다면 성공의 이미지를 만들어야 한다. 젊게 보이고 싶다면 젊은 이미지의 복장을 갖춰라.

봄·가을에는 봄·가을에 맞는 옷을, 겨울에는 겨울에 맞는 옷을 입고 색깔을 맞춰 구두와 타이를 골라라. 낡은 구두와 벨트는 과감히 버리고 얼룩 묻은 타이도 쓰레기통을 던져 버릴 것. 연말 보너스를 계산해보고 적당한 예산 안에서 새 기분, 새 각오로 쇼핑하는 것도 추천한다.

Chapter 9

내가 문제인가, 회사가 문제인가

• 괴로워 하다 사표 쓰기 전 체크해볼 10가지 •

'아무래도 나는 이 일이 적성에 맞는 것 같지 않아', '이 회사에 도무지 적응을 할 수 없어'라고 결론을 짓고 사표를 쓰기로 마음먹는다. 이 어려운 시대에. 매우 어리석은 일이다. 물론 너무나도 적성에 맞지 않거나 회사 분위기에 도저히 적응 못하는 경우라면 빨리 새로운 상황에 대한 도전을 결심하는 게 맞다. 그러나 과연 그것이 정답일 경우가 몇 %나 될까?

CASE1 "세상에 내 편은 왜 하나도 없지?"–공과 사를 구분해 보았는가?

홍보대행사에 근무하는 A 양은 요즘 새로운 연애에 푹 빠져있다. 모처럼 만나는 좋은 조건의 남자다. 매력도 있고, 노처녀 타이틀을 벗을 수 있을지도 모른다는 기대감에 부풀어 하루하루가 두근두근 설렘의 연속이다. 그러나 야근이 많은 A 양. 칼퇴근이 가능한 직업을 가진 상대남은 카페나 자동차에서 기다리며 "언제 끝나?", "아직 멀었어?"를 문자와 전화로 독촉해댄다. 결국 오늘 마무리해야 할 일을 내일로 미뤄두고 데이트에 나선다.

다음날 아침, 늦게까지 이어진 전날의 데이트로 늦잠을 자버렸다. 화장도 제대로 못하고 헐레벌떡 사무실로 출근. 팀장의 표정이 싸하다.

"A 씨, 어제 그 건 오늘은 꼭 마무리해서 보고하도록 해."

그러나 자리에 앉자마자 그와 메신저로, 휴대폰 문자로, 틈틈이 전화통화가 계속돼 집중을 하지 못한다. 오후가 되고 퇴근 시간이 되도록 일은 마무리되지 않는다. 결국 사무실에서 큰 소리가 나고 업무는 엉망이 된다.

CASE2 "왜 꼭 이렇게 해야 해요?"–불평불만 게이지 100% 충전 완료됐는가?

공사에서 근무하는 B 씨. 관료적인 조직이라 관례대로 해오는 일도 많고 유관 부서끼리 균형과 조율을 해야 하는 민감한 일들도 종종 생긴다. 그런데 B 씨에게 일이 가면 꼭 큰 소리가 나고 상사들이 나서고 추진하던 업무는 흐지부지된다.

상사로부터 업무지시를 받는다든가 타 부서로부터 업무가 넘어온다. 프로세스에 맞게 잘 정리되어 있는 경우는 50% 미만이다. 뭔가 빠져 있기도 하고 조금 억지스러운 면도 있다.

옆 자리 C 씨는 그런 경우 그냥 좋게 좋게 넘긴다. 자신이 대충 해결해주기도 하고 어려운 일은 담당자를 조용히 따로 불러 "이러이러한 게 빠져있어. 이건 내가 수정할 수 없으니까 거기서 다시 만들어줘.

일정은 내가 조금 늘려볼게"라며 돌려준다.

그러나 B 씨는 다르다. 일단 "아니 이게 뭐야? 제대로 정리도 안 하고 넘겼잖아"라는 등 혼잣말이지만 주변사람들에게 모두 들리는 목소리로 불평을 시작한다. 그리고 담당자를 질책한다.

"이거 이렇게 하면 곤란해요. 우리더러 어떻게 하라고요."

상사라도 나서서 "그냥 처리해"라고 편들면 "왜 꼭 그렇게 해야 합니까?"라고 묻는다.

CASE3 "난 기계가 아니야, 너무나도 숨 막혀!"–자신이 게으르다고 생각해본 적은 없는가?

D 대리는 오늘도 보고서를 통과시키지 못했다. 몇 주 동안 열심히 준비한 기획안이었다. 그러나 팀장은 "이건 지난번에 박 대리가 냈던 것과 별로 다를 게 없잖아. 그리고 데이터도 중요한 건 다 빠져 있네? 유관 부서랑 협력사항은 확인된 거야?"라며 다그칠 뿐.

'도대체 더 이상 어쩌라고? 익숙하지도 않은 분야를 나름대로 공부해가며 이만큼 해냈으면, 고생 많았다고 칭찬은 못할망정 이렇게 면박을 주나? 요즘은 부드러운 카리스마가 대세라는데 이 회사엔 도무지 그런 상사가 없네. 아, 답답하다. 그냥 급한 불만 끄고 주말에 어디 바닷가라도 가서 머리 좀 식히고 와야겠어.'

자리에 앉은 D 대리는 빠진 데이터를 해당부서에 요청하고 바닷가 펜션 검색에 들어간다. 옆 자리 후배는 그런 D 대리가 영 걱정스럽다. 자신이 보기엔 기획안 전체 포맷을 다시 잡아야 할 것 같은데.

직장인이 회사를 그만두고 싶은 이유 중 1위는 '과도한 업무량'이다. '내가 처리할 수 있는 능력'보다 더 많거나 어려운 업무가 주어지는 것에 대한 부담감에서 출발해, 실제로 업무를 처리하지 못하는 과정에서 부딪히는 여러 상황들, 최종적으로 성과에 대한 상사와 회사의 질책이 이어진다.

같은 방식으로 한 번, 두 번 반복되다 보면 사람들은 "저 사람은 능력이 떨어지는군"이라고 치부하게 된다. 본인 역시 의기소침해지고 자신감을 잃고 의욕을 상실하니 당연히 업무 효율은 더 하락하게 될 수밖에.

소위 '일 못한다'고 손가락질을 받는 사람들의 공통적인 유형이 있다. 중요한 것을 빠트리고, 항상 늦고, 다른 사람에게 핑계를 대고 책임을 미룬다. 그러나 아무도 자신이 그런 인간일 것이라고는 생각하지 못한다. 그저 업무 그 자체에서 오는 자신의 스트레스만을 중시한다.

그러나 현실은 현실. 내 능력보다 과도한 업무와 부당한 평가 기준이 억울하고 괴로운가? 그렇다면 다음 10계명을 차근차근 실천해보라.

첫째, 나를 향한 주의와 경고를 인지하라. "지각 좀 하지 말지"라고 경고하는 상사. "자기 치마가 예쁘긴 한데 너무 짧은 거 아냐?"라고 평가해주는 동료. "선배, 오늘 팀장님 기분 안 좋으신 것 같아요"라고 알려주는 후배. "그 업체는 인원이 부족해서 미리 확인해두지 않으면 안 돼"라고 알려주는 옆 부서…. 지나가면서 한마디씩 하는 것 같지만 이들이 너무나도 심심해서 아무 말이나 지껄이고 다니는 게 아니다. '지각하지 마', '회사원에 어울리는 복장이 아니야', '눈치 없이 건드리지 말고 부서를 생각해서 조심해줘', '네가 잘못하면 우리한테까지 영향이 오니까'라는 메시지다. 웃으면서 얘기한다고 웃으면서 흘려듣지 말고 반드시 복기하고 점검하라.

둘째, 상사와 선배는 괜히 있는 게 아니다. 배워라. 상대가 귀찮아하더라도 묻고 확인하라. 일도 못하면서 배우려고도 하지 않는 후배나 부하는 미래가 없다. 그리고 꾸준히 배우는 자가 승리한다. 어떤 일이든 한 가지 일을 10년 동안 하면 그 사람은 그 분야의 전문가가 된다.

셋째, 메모하고 확인하고 또 확인하라. 일 못하는 사람들의 100%는 '중요한 것을 빠트린다', '상사가 지시한 것을 잊고 엉뚱한 것을 하고 있다', '일의 우선순위를 판단하지 못한다' 등이다.

이것을 해결하는 가장 빠르고도 유일한 방법 한 가지, 메모와 확인이다. 통화를 할 때, 회의를 할 때 제발 메모하라. 그리고 확인하라. 업무를 처리한 다음 다시 그 메모를 보고 또 확인하라. 그리고 습관을 들여라.

넷째, 시간엄수는 기본 중의 기본이다. 말해서 무엇하랴. 미리 하면 효과 만점이지만 거기까지는 바라지도 않는다. 일은 절대로 미루지 마라. 반드시 해당 기한 안에 완료하라. '이건 이번 주까지만 끝내면 될 텐데, 왜 굳이 오늘까지 하라는 거야?'라고 생각하지 마라. 그건 당신의 권한이 아니다. 그리고 해서 가져가보면 반드시 다른 일이 기다리고 있다. 상사나 부서는 당신의 스케줄이 아닌 전체의 스케줄을 기준으로 판단하는 것이다.

다섯째, 핑계 대지 마라. 윗사람들은 모두 겪어온 일이다. 정말 아닌 경우도 그렇게 생각한다. 그런 사람들에게 어설픈 핑계를 대다가는 얕잡아 보이고 신뢰를 잃게 되는 단초를 제공한다. 억울해도 할 수 없다. 그러니까 핑계 댈 일을 만들지 않으면 되는 것이다. 혼내면 그냥 깨져라.

여섯째, 고집 부리지 마라. 잘못을 인정하지 않는 것이 더 나쁘다. 능력의 유무와 상관없이 고집을 부리는 것은 나쁜 버릇이고 능력을 인정받지 못하는 사람이 고집을 피우면 다른 사람들로부터 답답한 사람으로 경멸받기 쉽다. 모르는 것을 아는 척 한다고 여기기도 한다. 본인은 안다고 믿지만, 자칫하면 책임을 다른 사람에게 떠넘기는 것으로 비칠 수도 있다.

일곱째, 말을 예쁘게 하라. 말 한마디로 천 냥 빚을 갚는다. 어떤 지시나 업무가 떨어졌을 때, 일단 해보자는 마인드를 가질 것. 해보지도 않고 안 된다는 말부터 하는 것을 상사들은 끔찍하게 싫어한다. 긍정하고 받아들이는 표현을 하라. 그렇다고 말을 앞세우면 안 된다. 묵묵히 하는 것이 좋은 이미지에 도움이 된다.

여덟째, 상대 의견에 동조하라. 표현하지 않으면 알 수 없는 법이다. 아무 말도 안 하고 가만히 있으면 아무 생각도 하지 않고, 판단 능력도 없는 줄 안다.

아홉째, 감정을 드러내지 마라. 투덜이로 비칠 수 있다. 과장은 상대를 질리게 하고 특히 뒤에서 궁시렁대는 것은 어떤 경로를 통해서든 상대에게 들어가게 된다. 특히 상사의 험담은 100%다.

열째, 사적인 이유를 대지 마라. 뺀질이라는 낙인이 찍히게 된다. 사적인 상황 자체를 동료들이 모르게 하는 것도 좋은 방법이다. 사장이 불러서 "아버님이 많이 편찮으시다면서? 회사 일은 걱정 말고 나중에 후회하지 않도록 최선을 다하게"라고 하기 전에는 회사사람들이 내 사생활을 알아서 나을 게 하나도 없다.

Chapter 10

지금 몇 부 능선을 통과하고 있는가

• 이직을 통해 인생의 전환점을 찾고자 하는 당신에게 •

3년차에서 5년차. 나이로는 서른 전후. 휴가 시즌이나 해가 바뀌는 즈음이 되어오면 마음이 싱숭생숭해진다. '나는 잘살고 있는 걸까? 주변의 친구나 같은 연배의 동료들은 다 나보다 더 나은 상황에서 더 나은 미래를 준비하고 사는 것 같은데…' 한 번쯤 이런 고민에 빠진 직장인들이 있을 것이다.

'별 생각 없이 들어온 직장, 특별한 대안 없이 다니던 직장은 더 이상 메리트를 느끼지 못하겠다. 남들이 알아주는 근사한 직업이나 회사도 아니고 자기만족을 구하기도 어렵고 회사 분위기도 별로인 데다 마음에 맞는 사람도 없다. 이쯤에서 관두고 새로운 직장을 알아보고 싶다.'

다음의 조언을 깊이 새겨 들어보자.

K에게.

오늘 너의 고민 또는 결심을 들었다. 서른. 적은 나이는 아니지. 큰 회사라면 대리, 중소기업이라면 과장 정도, 능력에 따라서는 차장도 어렵지 않을 경력의 네가 이직을 생각한다는 것은 결코 가벼운 고민이나 불평은 아닐 테지.

너는 늘 진지하고 성실하고 노력하니까 아마 어디서 무엇을 하든 잘할 수 있을 거라는 생각은 들어. 하지만 직장·커리어라는 면에서만 보면, 글쎄 너의 결정이 꼭 옳기만 할까? 너에게 과연 이득이 되는 것일까? 너의 근본적인 고민은 해결할 수 있을까? 문제는 항상 존재하는 곳에서 해결의 실마리를 얻을 수 있는 법이고 부정과 비판과 의심에서 시작해야 객관적일 수 있기에 너의 이직에 대해서도 몇 가지 의문점을 함께 얘기해보자.

사람들의 연봉 계산법은 고무줄이다

너는 처음에 연봉에 대한 불만 때문이라 말했다. 친구들보다 적은 연봉에 업무량은 더 많은 것 같다고. 그러나 네 직장은 동료 간의 경쟁이 치열하지 않고 특별한 상황이 아닌 한 시스템 변화 없이 해당 분야의 커리어를 쌓는 데 안정적인 위치인 것이 업계 인식이다.

너보다 연봉이 많은 A의 회사는 아침 7시 출근에 밤 10시나 되어야 퇴근하는데, 업무시간이 하루 15시간 이상 일하는 셈이다. 게다가 걸핏하면 구조조정이니 부서 이동이니 하며 1년 내내 어수선하더구나. 그래도 연봉이 많으니까, 열심히 다니고 있는 것이지.

B는 너보다 확실히 연봉이 적지? 하지만 고용안정과 연금까지 보장되는 직종이니까 적은 연봉 따위는 그다지 큰 문제가 되지 않는 거지.

C는 너와 비슷할 것이다. 하지만 오래 일할수록 전문성을 보장받고 나중에 자기 사업으로 쉽게 독립할 수 있는 분야이기도 하니까 일에 재미 붙여가며 잘 하고 있는 것 같아. C의 회사라고 너희 회사보다 분위기가 더 좋지는 않을 거야. 규모나 안정성으로 치자면 너희가 더 낫겠지.

그리고 사람들은 자신의 연봉을 이야기할 때 이것저것 다 떼고 실수령액으로 표현하기도 하고 때로는 이것저것 다 합쳐 우수리는 반올림하기도 한단다. 연봉 4,000만 원을 받는 사람이라면 "한 달에 한 200만 원 넘게 받아"라고 할 때도 있고 "이것저것 합치면 5,000만 원쯤"이라고 하기도 한단다. 퇴직금, 인센티브, 야근과 특근수당, 심지어 교통비 등의 지출 경비까지 연봉에 포함 시켰다 뺐다 하는 것이지.

거기다 사람의 심리란 묘해서 자기가 듣고 싶은 것만 듣게 되거든. 조금만 객관적으로 보면 충분히 알 수 있는데도, '그래 나는 역시 연봉이 너무 낮아'라는 식으로 받아들이게 돼. 그리고 의욕상실로 이어지지.

경력은 끊이지 않아야 한다

100만 청년실업 시대에 20대 중반 정도라면 '아, 기회를 아직 못 만났구나' 하는 생각도 들 수 있겠지만, 네 나이는 이미 서른이 넘었지 않니? 게다가 네가 다니고 있는 회사는, 너에게는 답답하고 별 의미 없을지 몰라도 남들 눈에는 그저 보통의 평범한 직장이다. 특별한 이유 없이 다니던 직장을 그만두고 쉬고 있는 너에게, 직장을 다니고 있을 때보다 좋은 기회가 또는 더 나은 조건이 올 확률이 높을까?

그리고 이건 정말 공공연한 비밀인데, 직장을 다니고 있는 사람과 쉬고 있는 사람에게는 제시하는 조건이 다르단다. 연봉으로 치면 단 50만 원이라도 차이가 나기 마련이란다. 직장을 다니고 있는 사람이라면 그것이 일종의 스카우트 개념이 되기 때문에 너를 데려오기 위해 가급적 좋은 조건을 제시하게 되지만, 쉬고 있는, 그리고 나이도 가볍지 않은 경력자라면? 너만이 가진 스페셜티가 있다면 좋은데, 사실 우리 모두 그런 게 없으니까, 특출나게 명확한 그 무엇이 없으니까 문제지.

물론 직장을 다니고 있는 와중에 다른 직장을 구한다는 것은 도덕적으로나 분위기상 어렵고 민감한 문제일 수 있다. 그러나 그 정도 노력을 감수하지 않고 경력자로서의 커리어를 지키고 이어갈 수는 없잖니?

요즘은 헤드헌터를 통하는 경우도 흔하더구나. 관련 분야의 선후배와 네트워크가 있다면 이럴 때 최대한 활용을 하는 것도 좋은데, '이럴 때만 찾는 것처럼 보이기 싫어서'라든가 '혼자 힘으로 하고 싶다'라는 식의 생각은, 좋게 말하면 자립정신, 나쁘게 말하면 '똥고집'이다. 세상에 거저 되는 일은 없단다. 네가 능력이 안 되면 뽑아줄 수 없고 조건이 안 되면 내밀지도 못하는 법이다. 네트워크란 기회의 활용일 뿐 결과는 너의 능력과 조건이란다.

또 이직의 경험이 경력에 도움이 되는 직종인지도 중요하단다. 마케팅이나 크리에이티브가 중요한 몇 가지 직종에서는 1~2년 정도 주기로 스카우트 등을 통한 수직 상승 개념의 이직이 도움이 된다. 어떤 직종에서는 이력서 줄이 짧을수록 좋아하기도 한다. 요즘은 점차 줄고 있지만 대개는 아직도 한 직장에서 수십 년 넘는 장기근속을 미덕으로 친다. 이직을 결심할 때는 여러 가지 이유가 있겠지만 대체로 '여기가 싫다'라든가 '여기는 더 이상 기대할 게 없어'라는 판단에서다. 때마침 좋은 조건의 스카우트라도 들어왔다면 얘기가 다르지만 일단 그만두고 다른 곳을 알아보겠다는 너의 계획은 그다지 현명하지 못한 것 같구나.

문제의 본질이 무엇인지 생각해보자

가장 쉬운 방법인데, 일단 백지에 지금 너의 직장에 그대로 있을 때의 장단점을 나열해보렴. 네 말대로 일단 회사를 그만두고 나갔을 때 좋은 점과 나쁜 점도 써보렴. 그래도 벗어나고만 싶은 것으로 결론이 난다면 그만두는 게 맞겠지. 사람은 코뚜레를 꿰고 끌 수 있는 소가 아니니까. 하지만 문제와 갈등의 본질을 되짚어보면, 대부분은 감정적이고 충동적인 시작이 많은 게 사실이다. 패턴화시켜서 미안하지만 너희 또래의 이직 결심은 주로 여름휴가 후, 추석이나 설 등 긴 명절 후 또는 해가 바뀌는 전후를 중심으로 이뤄지곤 해. 정신없이 달리다 한숨 돌리고 며칠 쉬면서 돌이켜보면 뭔가 보상받지 못하고 사는 듯한 박탈감, 허탈감 등을 느끼게 되거든.

연봉과 업무량에 대한 계산, 너의 커리어에 대한 계산이 아귀가 안 맞음에도 싫다면 그건 회사 분위기 때문이겠지. 그러나 회사는 동호회나 종교집단이 아니란다. 그리고 상사나 선배에게 지나친 기대와 로망을 가져서는 안 돼. 물론 존경할 만한 선배와 상사가 있다면 좋겠지만 대부분 '그런 상사와 선배는 없어'. 오히려 위로 올라갈수록 입지도 좁아지고 자신의 업무 외의 다른 문제에 관여하고 해결해야 하는 경우가 더 많아. '우리 회사는 인재를 소중히 하는 것 같지 않아'라는 느낌도 이해 못하는 것은 아닌데, 원래 조직이란 게 어느 정도 그런 분위기를 갖고 있기 마련이다. (이렇게 말하니 너무 늙은 선배 티가 나네.)

세상은 네가 모르는 수많은 원리와 이해관계로 돌아가고 있단다. 조직은 절대로 한 가지 이유로 움직이지 않아. 상사와 선배들의 이해 안 되는 모습의 이면을 네가 볼 수 있으면 좋을 텐데. 그것이 너에게는 공부일 수 있을 텐데.

가능하다면 같은 직장이 아니어도 좋으니 같은 직종 안에서 멘토를 찾아보는 것도 한 방법이야. 너의 시야를 넓혀줄 수 있고 객관적이고 현실적인 조언이 가능하니까. '아, 나도 저렇게 되고 싶다'고 느끼는 인물을 찾아 봐.

당신은 몇 부 능선을 오르고 있는 중인가

적어도 네가 전혀 다른 직종에 도전하는 것이 아니고 이 분야에서 커리어를 쌓아 좋은 연봉, 안정된 지위를 얻고자 한다면, 3년 후 네 모습을 그려 보렴. 여기서 3년 후의 모습은 대충 그려질 거야. 하지만 나가서의 3년 후가 불투명하다면 다시 생각해봐. 그 3년 후에 또 불평할래? '내 친구들은 다 지리 잡았는데 나는 왜 아직 이러고 있나?' 하고.

너의 연차는 경력자로서 전문가로서 신뢰를 얻기에는 부족하고 '쉽고 편하게' 부리기에는 신입이나 어린 후배들보다 부담스러워. 나는 자칫 너의 순진한 발상과 충동 때문에 이제껏 쌓아놓은 좋은 경력이 빛을 잃을까 걱정이 돼.

경력이란 대출금과 같은 것이더라. 저걸 언제 다 갚나 하며 허덕허덕하다 보니 어느 순간 끝이 보이고 내 명의의 아파트가 남아있는 듯한 느낌? 10년이라는 시간은 누구라도 전문가를 만들어준다고 했어. 너는 이제 중반을 넘고 있어. 산을 오를 때 첫 코스는 대부분 가파르고 힘든 오르막이야. 그리고 첫 능선부터는 오르고 내리기를 반복하는 거지.

결국 선택은 네 몫이겠지만, 책임도 네가 져야 한다는 것을 잊지 말고, 그래도 새로 시작해보겠다면 도와줄게. 힘내라고, 더 좋은 기회와 결과 얻기를 함께 기대할게.

PART 3

아부도, 실력도
정답이 아닌 관계

• 상사 편 •

Chapter 1

나는 왜 상사에게 깨지는 걸까

• 억울함과 분노 대신 원인부터 점검하라 •

군대에 고문관이 있듯, 직장에는 꼭 '깨지는' 사람이 있다. 상사도 사람인지라 괜히 정이 가는 직원이 있는가 하면 밉상인 직원도 있다. 문제는 자신이 밉상으로 찍혔을 때다. 부모도 열 손가락 물어 아프고 안 아프고 차이가 나는 판에 하물며 직장에서야.

"김 대리, 어제 그 건은 어떻게 됐나?"

"아직 확인 전입니다."

"아니, 어제 급하다고 내가 분명히 얘기했는데 왜 아직 그러고 있는 거지?"

"어제 너무 늦게 말씀하셔서서 확인할 수 있는 시간이 아니었고 지금은 아직 그쪽 업무가 시작되기 전이라서…."

보통 이런 상황에서 상사의 반응은 두 가지로 나뉜다. '버럭' 하고 깨는 스타일과 포기하고 내버려두는 스타일. 물론 자분자분 직원이 해야 할 일과 하지 말아야 할 일을 지도하는 대인배도 있겠지만, 드문 경우다.

이직을 결심한 직장인들에게 이유를 물으면 1위가 연봉, 2위가 '상사에게 처참하게 깨져서'다. 별것도 아닌 것 가지고 혹은 100% 내 잘못도 아닌 일로 사무실에서 무참하게 박살이 나면 정말이지 당장이라도 사표 집어던지고 때려 치고 싶은 게 인지상정. 눈만 마주치면 트집 잡을 만한 것이 없나 벼르는 듯한 상사의 스트레스는 하루하루가 고역이다. 피해가려 해도 어디선가 꼬투리를 잡아 잔소리를 늘어놓기 시작한다. 도대체 왜? 어떻게 해야 이 상황에서 벗어날 수 있을까?

딱 한 놈 찍어놓고 작정하고 괴롭히는 경우도 있지만, 대부분의 상사는 비슷하기 마련이다. 아랫사람들이 말 잘 듣고 일 잘해서 그 덕이 다 자신에게 돌아왔으면 싶다. 직원들에게는 존경받고 윗사람에게는 인정받는 꿈을 갖고 산다.

그러나 현실은 자신들에게 대인배의 모습을 요구한다. 직원들은 다 제멋대로고 어쩐지 나를 얕잡아 보는 것 같고 앞에서 하는 말과 뒤에서 하는 말이 다르다. 게다가 일도 제대로 안 굴러 가는 듯하면 대인배고 선배고를 떠나서 스트레스가 쌓여 참을 수 없는 지경이 된다.

그런 것이 상사들이다. 그런 상사들에게 깨지는 직원들은 정해져있다. 이 회사에서 구박당하던 사람이 회사를 옮긴다고 달라지지는 않는다. 잘 생각해보라. 유형이 있다.

◯◯ "본전도 못 찾을 텐데"
ㅡ말대답 하는 유형

상사가 뭐라고 하면 일단 수긍하고 보는 것이 사회생활의 요령이다. 직장처세 제1장은 '긍정의 대화법'부터 시작한다. 남녀 사이, 부모 자식, 가족관계에서도 네거티브(negative)한 대화법은 모든 트러블의 원흉이다.

상사란 원래 잔소리하라고 있는 자리다. 일이 제대로 굴러가고 있는지, 제대로 챙기고 있는지 확인하고 또 확인하는 것이 그들의 역할이다. 그런 상사의 질문이나 확인에 시큰둥하고 부정적으로 "그건 아닌데요"라든가 "그건 지난번에 과장님이 그렇게 하라고 지시를 하셔서" 어쩌구 시작을 하면 그 다음은 복잡해진다.

사무실에서 오가는 큰 소리의 발단 대부분은 상사의 질책에 대한 직원의 말대답이다. 다혈질이라든가 B형 상사에게는 일단 "알겠습니다"로 받아라.

◯◯ "생각 생각 생각 생각 생각 좀 하고 말해"
ㅡ자기무덤 파는 유형

"그걸 왜 처리 안 했나?"라고 묻는 상사에게 "다른 건이 아직 안 끝나서요"라고 답하는 경우. "아니 그것도 아직 처리 못하고 있다는 말이야?"라는 잔소리가 시작되기 마련이다.

상사가 잔소리를 늘어놓으려 하면 일단 일과 업무에 관한 소재 자체를 꺼내지 마라. 어떤 팩트를 설명해도 모두 트집거리가 되어 돌아오게 된다.

"아, ○○○건을 마무리하느라 미처 못 챙겼습니다. 다행히 그 건은 잘 마쳤고요."

성공적인 결과물을 들이대는 것은 확률이 반반이다. 성질이 나기 시작한 상태라면 그건 그거고, 평소 당신을 얄밉게 보아온 터라면 옳다구나 하고 더 트집 잡을 수도 있다.

"지금 가타부타 왈가왈부 따질 때냐고" —말귀를 못 알아듣는 유형

성질 급한 상사들에게 가장 많이 당하는 사례다. 상사들은 '개떡같이 말해도 찰떡같이 알아듣는' 직원을 예뻐한다. 대충 말해도 알아서 잘하면 제일 좋은데, 뭐 한 가지 시키면 몇 번이나 확인한답시고 귀찮게 하고 정작 결과물을 보면 어딘가 이가 빠져 있다. 왜 그랬냐고 지적하면 "과장님이 그렇게 하라고 말씀하신 적 없는데요…" 운운. 밉상도 이런 밉상이 없다.

억울하겠지만, 눈치껏 요령껏 하는 법을 훈련할 필요가 있다. 상사의 성격이 불 같거나 괴팍하다면 더 우울해진다. 원래 성격이 그런 경우라면 동료의 도움을 구하는 것도 한 방법이다. 분위기가 살벌해지면 동료로 하여금 경고나 눈치를 주도록 하는 것이다.

이런 사실이 상사에게 알려지더라도 최소한 본전이다. 적어도 노력을 하고 있다는 증거이기 때문이다.

👓 사회생활의 기본은 욱 하는 성질 죽이기

대드는 성격이 있다. 욱 하는 성질이 있거나 부당한 것을 못 참는 경우. 그러나 대들어서 남을 게 없다. 윗사람이 정말 문제가 있다면 명확한 상황에서 정식으로 컴플레인을 하든가 공식적으로 대응해야 한다.

대한민국 조직사회는 아직 유교적이고 봉건적인 분위기가 남아 있기 때문에 아무리 윗사람이 잘못하는 상황이라 하더라도 아랫사람이 감정적으로 대할 경우 화살이 반대로 돌아오기 쉽다. 문제적 상황이나 대상에 대해서는 객관적인 데이터와 감정이 배제된 논리로 맞서야 한다. 감정적으로 치받는 상황은 절대 득이 될 수 없다.

👓 절대로 먹히지 않는 어리석은 태도, 변명

이 역시 본전 못 뽑는 경우에 해당한다. 대부분 상사들은 변명이나 핑계를 듣기 싫어한다. 상사의 질책이란 왜 그 일이 진행되지 못하는가에 대한 의문과 직원이 무엇을 놓치고 있는가에 대한 지적 이상도 이하도 아닌 경우가 대부분이다. 여기에 대고 다른 사람을 탓하거나 핑계를 대면 일단 그 사람이 못나 보이고, 짜증스럽게 여겨진다. 누구 탓이 중요한 게 아니고 그 일의 결과물과 성과가 중요하기 때문이다.

◯◯ 본질을 벗어나면 상사의 분노게이지는 상승한다

"이게 왜 이렇게 됐지?"라는 질문에 "그러니까 제가 처음부터 그 업체는 안 된다고 말씀드렸잖아요"라고 운운하는 경우. 여성비하 차원이 아니라 실제로 여성들이 이런 화법에 익숙하다. 남성 상사와 여성 직원 간의 트러블의 절반은 이런 식이다.

결과물에 대한 얘기를 하고 있는데 사태의 초기 단계로 돌아가서 지적을 하는 식의 본질을 벗어난 대화법은 상대를 짜증스럽고 답답하게 만든다. 물론 말하는 사람은 사태의 근본을 되짚는 것이 중요하다고 믿을 것이다. 또 이런 결과가 도출된 연유에는 근본적인 잘못이 포함돼 있어서라는 뜻이다.

그러나 상사는 "그래서 어쩌라고?"라는 생각밖에 들지 않는다. 문제는 결과이며 그 결과를 바꾸거나 뒤집을 수 있는 아이디어가 필요한 것이지, 공룡이 알을 낳아서 인공부화를 시켰느냐 직접 품었느냐는 중요하지 않다고 여긴다.

◯◯ 조금만 관찰하고 신경 쓰면 될 텐데
—타이밍 못 맞추는 유형

인생은 타이밍이다. 모든 인간의 만남은 화학적 유기적 결합 작용이다. 그 조건 가운데 타이밍은 어느 정도 가늠할 수 있다는 점에서 중요하다. 월요일 오전, 퇴근 시간 무렵, 금요일, 점심 먹고 난 직후,

간부회의 직후, 성과 보고 직후의 상사에게 보고서를 들고 가거나 문제를 상의하러 가는 것은 어리석은 짓이다. 요즘 부부관계나 집안일로 골치 아파 하고 있는 것을 알고 있다면 그것도 피하는 게 좋다.

'그건 그거고, 이 건은 꼭 오늘 안에 확인해야만 해'라고 생각한다면 당신은 이미 고문관 자격이 충분하다. 섭외와 취재가 주업인 기자들 사이에서는 확률적으로 비오는 목요일 오전에 사람에게 가장 관대해진다는 속설이 있다.

무능과 미련함의 다른 이름 —침묵하는 유형

가장 속 터지고 답답한 유형. 상사가 성질을 내기 시작했다고 해서 입을 꾹 다문 것이 아니다. 상황 보고를 하는 중에 문제점을 지적하거나 확인하려는 순간, 그때부터 묵묵부답이다. 자신의 오류에 대한 일종의 방어기제인데 상사는 그 순간부터 답답해지기 시작한다.

"뭐라고 말을 좀 해보게."

닦달하는 상사에게 한마디. "다시 보고 올리겠습니다."

성질 나쁜 상사라면, 평소 쌓인 게 있다면 자신을 얕잡아 본다고 여길 수도 있다. 반성할 것은 반성하고 인정할 것은 인정한 뒤 대응방안을 내놓아라. 침묵은 금이지만, 묵묵부답은 속 터진다.

👓 상사는 싸워 이기는 대상이 아니다
—고집 쓰는 유형

상의와 협의가 되지 않고 고집을 쓴다. 그러면 상사에게 왜 보고를 하나? 지적과 지시를 받아들이는 자세와 액션은 기본이다. 필드에서 결정권은 실무 담당자에게 있기 때문에 보고 라인에서 시시콜콜 따질 필요가 없는데도 상사의 지시 사항에 대해 하나하나 "그건 아니고요", "그것보다는"이라고 토를 단다.

A형이나 O형 또는 꼼꼼한 성격을 가진 사람들이 주로 이런 반응을 보인다. 그러나 상사는 '센스 없고 능력 없는', '순발력 부족한' 직원이라고 평가하기 쉽다. 소심한 상사라면 자신을 무시하고 리더로 받아들이지 않는다고 여길 위험도 있다.

👓 반복은 부처님도 돌아앉게 만든다

가장 나쁜 케이스다. 같은 실수를 반복하고 되풀이하는 것. 그야말로 고문관으로서 자리를 굳히고 고과는 형편없이 떨어져가며 동료들은 슬슬 당신을 무시하고 있을 것이다.

부당하든 부당하지 않든 좋지 않은 상황은 되풀이하지 말아야 한다. 아무리 억울해도 상황이 반복되다 보면 그 상황을 만든 당사자가 원인을 제공하는 것이 된다. 앞서 9가지 유형을 기준으로 스스로를 복기해보라. 반복을 피하기 위해 해야 할 첫 번째 일이다.

Chapter 2

줄도 잘 서고 능력도 인정받자

• 상사 스트레스 유형별 대처방안 •

능력 없는 사람이 윗사람에게 잘 보이려 아부하고 아첨한다는 건 옛날 얘기. 성격 좋은 사람이 일도 잘하고, 윗사람에게 잘하는 게 일을 잘하는 세상이 됐다. 그러나 명절 선물 챙기고 회식 자리 의전만이 전부가 아니다. 하루의 절반을 함께 하고 업무의 모든 것에 관여하는 상사와 잘 지내는 자체가 조직 생활이다.

직장인이 출근하기 싫은 가장 첫 번째 이유는 '꼴 보기 싫은 윗사람 때문'이다. 괴팍하고 신경질적이고 나를 미워하며 무능력한 상사. 생각만 해도 치가 떨리고 회사로 향하는 발걸음이 무거워진다. 하지만 직장은 쉽게 엎어버릴 수 있는 게 아니다. 피할 수 없다면 즐기라 했거늘 즐길 수도 없는 것이 직장 상사 스트레스. 그러나 문제는 문제가 있는 곳에 해결의 방법도 존재하는 법이다. 돌이켜보면 해결하려 노력해본 적도 없지 않은가?

세상에는 가지각색 유형의 상사가 존재하고 그들은 각자의 방식으로 우리를 괴롭힌다. 하지만 분명히 뚫고 나갈 수 있다. 의외로 패턴화와 분류화가 가능한 것이 또 그들이기 때문이다. 도저히 감당하기 힘들다 싶은 대표 유형별로 대응방안과 하지 말아야 할 것, 하면 좋은 것들을 알아보자.

남이야 어떻든 상관없는 제멋대로 형

'천상천하 유아독존'이라는 말은 이 사람을 위해 태어났다. 안하무인 후안무치. 같이 있으면 창피할 정도로 말도 함부로 하고, 남이야 어떻게 받아들이든 폐부를 찌르는 소리를 잘도 해댄다. 이런 경우 일 적으로 어느 정도 성과나 성취를 지닌 경우가 많은데, 대신 자신의 기대치보다 조금이라도 떨어진다 싶은 아랫사람들에게는 가차없다.

뭐 한 가지 눈에 거슬리는 일이 있기라도 하면 시도 때도 없이 잔소리에 야단에, 관계없는 주변 사람들까지 피곤해질 정도다. 어느 사무실에나 한 명은 있는 타입이다. 하지만 문제는 그가 상사라는 것이다.

이런 타입 상사의 지시나 명령은 가급적 받아들여야 한다. 상대가 거절하거나 하기 싫어한다는 느낌을 받으면 '이 사람은 나를 싫어해서 이러는 거로군'이라고 멋대로 단정 지어 버린다.

또 이런 타입은 지적을 받으면 바로 분노센서가 작동한다. "너무하신 것 같습니다", "그건 아닌 것 같은데요", "그래서 직원들이 힘들어하는 것입니다" 등의 말은 최악이다.

그렇다고 해서 죽을 때까지 참으며 살 수는 없다. 상황을 객관적으로 설명하고 유도하는 방식을 써야 한다. 일적인 성취동기를 우선으로 치거나 일적 근거를 꼬투리 삼는 경우가 많으므로 대응도 일적으로 해야 효과적이다. "이 방법이 가장 잘 맞을 것입니다", "지금 시작하는 것이 유리합니다", "우리가 충분히 할 수 있습니다" 등 긍정적인 결과를 제시하며 유도한다.

이런 유형은 정서적으로 미성숙한 경우가 많다. '정신적 어린 아이'라고 생각하면 된다. 따라서 '받아주면' 된다. 폭발하기 시작할 때 변명하거나 설명하려 애쓰지 말고 일단 들어주고 바로 사과하며 주의할 것을 약속한다. 그래야 상황이 빨리 종료된다.

인간적으로는 사실 코드가 맞지 않으면 힘들 수밖에 없다. 포기할 건 포기해야 한다. 친해질 수 있으면 친해지면 좋다. 아부가 먹히는 경우도 이 타입이다.

◯◯ 변덕이 죽 끓듯 쉽게 화내는 형

제멋대로 형과 유사한 듯싶지만, 좀 더 감정이 앞서고 객관적이지 못한 경우. 하루에도 열두 번씩 기분이 이랬다저랬다 한다. 사적인 일이든 공적인 일이든 자신의 감정을 숨기지 못하고 결정의 대부분을 감정적으로 처리한다. 그래서 어떤 일에 대한 상의나 결재 시 상사의 기분을 파악하고 눈치를 보는 데 시간적·정신적 소모가 따른다. 직원에 대한 평가는 물론이다.

자신이 기분 좋아야 상대에게도 기분 좋게 대하는 타입. 일단 '잘해 줘라'. 눈치 없는 사람은 이런 상사가 피곤하다고 생각해 무뚝뚝하게 대하거나 용건만 드라이하게 주고받는다. 결과는 100% 짜증 레이더 망에 걸리게 된다.

감정의 기복에는 월요일 오전, 비오는 날, 월말월초, 간부회의가 있는 날 등 조건에 따른 패턴이 있기 마련이다. 그 유형을 파악하면 트러블의 절반은 해결된다.

또 충분한 대화와 협의가 필요하다. 기분이 좋을 때 결재한 건에 대해 기분이 나빠지면 직원의 탓으로 전가하며 뒤집을 수 있기 때문이다. "그때 이러저러한 이유로 이렇게 하는 게 낫겠다고 그러셨거든요"라고 대응할 준비를 갖추고 있어야 한다.

화를 내는 경우는 상사의 화를 가라앉히려 애쓰지 말고, "확인해보고 다시 보고 드리겠습니다"라고 말하고 일단 그 상황에서 물러나도록 한다.

감정이라는 것이 이유 없이 오르락내리락할 리는 없다. 본인에게는 다 그만한 이유와 절실함이 존재할 것이다. 하소연이든 짜증이든 일단 상사의 이야기를 귀담아 들어주라. 그리고 "제가 알아서 할게요", "잘 알겠습니다", "그런 일이 있었군요", "진작 알았더라면 미리 처리했을 텐데요" 등 긍정적으로 받아들이는 모습을 보여라. 믿음직스러운 부하직원의 태도에 점수가 더해지는 순간이다.

👓 일 안 하고 빠져나가는 책임전가 형

아침에 출근하면 인터넷 포털사이트 뉴스 검색부터 시작해 온갖 게시판을 다 훑고, 시간도 되긴 전 누구보다 먼저 식당으로 달려 나가 점심시간 끝나기 직전 자리에 돌아온다. 틈틈이 오수에 인터넷 고스톱으로 소일하다 그다지 중요하지도 않은 전화 통화 몇 통 한 뒤 야근하는 팀원들 눈치 슬슬 보다가 퇴근해버리는 상사.

윗사람에게 트집 잡히면 아랫사람 탓을 하고 칭찬을 받으면 자신의 공으로 받아들이는 유형. 문제라도 생기면 담당자 불러다가 "어쩔 거야?"만 반복하고 자신은 전혀 해결을 위한 노력을 하려고 하지 않는다. 뻔뻔하면서도 순발력 있기는 타고난 유전자가 다른 듯하다.

일 안 하고 게으른 상사의 가장 큰 문제는 자신의 일을 부하직원에게 전가하는 것이다. 일단 안 해도 되는 것은 하지 말자. 게으른 상사가 떠넘기는 일을 거절하기란 쉽지 않지만, 자신의 주업무 스케줄이나 중요한 건을 앞세워 "지금 이 건을 내일까지 처리해야 해서요. 다음주에 해드려도 되는 일이라면…"라는 식으로 완곡하게 표현한다.

👓 세상에 방식은 하나라 믿는 완고한 형

자존심이 강하기 때문에 도중에 말을 끊는 것을 가장 싫어한다. 이런 유형의 상사가 하는 말은 좋은 얘기든 나쁜 얘기든 일단 끝까지 수긍하며 듣고 나서 자신의 의견을 피력하도록 한다. "맞습니다", "그렇습니다”를 자주 사용하면 훨씬 부드러운 분위기가 될 것이다.

반론이 있을 경우 “맞습니다. 그리고 이런 것도 있더군요”라고 덧붙인다. 상사의 말에 수긍하는 ‘동의의 대화법’을 사용하도록 한다.

또 상사가 잊어버린 건이라든가 놓친 부분을 언급하는 것도 피한다. “이건 지난번에 지시하셨던 건인데요?”라는 식은 안 된다. “한 번 더 점검해보죠”가 답이다. “신문 등에 이미 보도된 건이고, 이미 늦은 것 같습니다”도 안 된다. “조금 늦은 감이 없지 않지만 더 나은 방식이 있을 수 있으니 한번 찾아보도록 하겠습니다”라고 해야 한다.

유능하기보다는 우직한 성격일 경우가 많다. 사실 무능한 확률이 더 높다. 그래서 스스로 “못하겠다”라는 표현을 하기 어렵다. 대신 “이번 주까지는 우리 팀에 시간이 없을 것 같은데요”, “지금 인원 상태로는 불가능한데, 다른 부서와 협업을 요청하면 어떻겠습니까?” 등 적합한 이유와 대안을 앞세우면 좋다.

이런 상사는 아는 척하며 나서는 직원을 싫어하는 경향이 있다. 아무리 좋은 아이디어가 있어도 먼저 앞서지 말고 상사가 직접 요구해 올 때를 기다리는 게 좋다. 정면충돌은 더 더욱 피해야 한다. 기본과 원칙을 지키는 것은 물론이다.

이런 유형은 자신을 ‘인간성 좋은 사람’, ‘진국’, ‘존경할 만한 사람’ 등으로 보이고 싶어한다. 가끔 업무나 인생상담 등을 요청해 자신이 인정과 신뢰를 받고 있다고 느끼게 하는 것도 효과적이다. 동료나 조직 내에서 고립되고 있을 소지가 많은 유형이기도 하다. 그러므로 인간적인 접근이 배 이상의 효과를 가져올 수 있다.

매사에 무뚝뚝하고 심술궂다. 칭찬은 거의 없고, 입을 열면 야단친다. 여직원의 옷차림이 좀 단정치 못하면 대뜸 "옷차림이 그게 뭔가?"다. 마치 학창시절 '학생주임' 같은 상사. 아이러니하게도 자신의 윗사람에게는 깍듯하다. 봉건적이고 가부장적인 면 때문이다.

강자에게 약하고 약자에게 강한 면이 있으므로 눈물을 보인다든가 기가 죽어 시무룩해 있는 것은 오히려 역효과. 지적을 당하면 "바로 시정하겠습니다", "그렇게 처리하겠습니다"라고 정리한 뒤 신속히 상황을 전개하는 모습을 보이도록 한다.

이런 유형은 가부장적인 면이 강해 아랫사람들은 기죽어 있기 쉽다. 무엇이든 오픈하고 구체적으로 보고하도록 한다. 보고를 건너뛰고 독자적으로 진행하고 있다가 난데없는 불호령을 맞을 수 있기 때문이다.

또 "이번 회의는 아무래도 중요한 시기이니만큼 팀장님께서 참석해 주셨으면 좋겠습니다", "이 보고서는 사전 점검해주셨으면 좋겠는데요" 등 상사로서 할 수 있는 일을 최대한 요청한다. 여럿이 함께 하는 경우일수록 자신의 리더십을 확인할 수 있어 만족해한다.

그리고 혼자 상대하는 것보다는 몇몇씩 무리 지어 대하는 게 좋다. 부드러운 분위기에서 두세 명 이상 함께 의견을 교환하거나 보고하도록 한다. 그렇게 결정된 사항에 대해서는 "시일 내에 완료하도록 하겠습니다" 등 각오를 표현하고, 결과물에 대해서는 "팀장님 덕에 잘 처리되었습니다”로 공을 돌리도록 한다. 그렇다고 해서 자기 공으로 빼돌릴 타입은 아니다.

“팀원들 사기진작 차원의 측면도 있고 하니 팀장님께서 이러저러 해주시면…” 등 달콤한 소스도 가끔 곁들인다. 학주 타입이라 해서 마음도 그런 것은 아니다. 잘하고 싶지만 잘할 수 있는 방법을 모르고 익숙지 않아서다.

이런 유형들에게는 그들 자신이 먼저 하지 못하는 일을 만들어주라. 기회가 있을 때 좀 더 부드러운 방식으로 요구를 하는 것도 필요하다.

Chapter 3

배드 트러블, 굿 리턴

• 'No!'라고 말하지 않는 법 •

요즘 세상이 다 어렵다. 다들 죽는 소리만 한다. 그런 세상에서 걸핏하면 "안 됩니다", "어렵습니다"라는 말은 듣고 싶지 않다. 기왕이면 "알아보죠", "이건 어떨까요?"라는 말을 듣고 싶다. 특히 상사와 사장은 더욱 그렇다. 클라이언트는 말할 것도 없고.

CASE1

클라이언트나 상사의 부당한 요구나 지시에, "그런 일은 할 수 없습니다!"라고 외치고 자리에서 벌떡 일어나 회의실을 나가버린다.

CASE2

사장의 독단적인 결정을 통보하는 자리에서 "저는 그렇게 생각하지 않습니다"라고 하며 그 이유에 대해 조목조목 설명한다.

CASE3

불의를 보고 참지 못하여 동분서주 뛰어다니다가 얻은 아이디어로 기상천외한 반전을 통해 상황을 해결하고 모두를 감탄하게 한다.

TV드라마에 자주 나오는 직장의 모습이다. 전문직이거나 규모가 큰 대기업을 배경으로 하곤 한다. 하지만 현실에서는? 이런 상황은 '절대로' 없다.

아무리 부당한 경우라 하더라도 'CASE1'처럼 '오만불손'한 태도로 대응하다가는 좌천되어 버리거나 인사고과에 치명적인 타격을 입을 확률이 크다. 또 '사회부적격자'로 낙인찍히기 쉽다.

'CASE2'는 사장을 화나게 만들 뿐더러 직속상관의 입장까지 난처하게 만드는 경우다. '저 친구는 누군가? 참 패기와 의욕 넘치는 친구로군. 허허허'라는 반응이 나올 확률은 단 0.000001%도 되지 않는다.

'CASE3'은 그런 아이디어도 얻을 수 없거니와 설령 얻었다 할지라도 실행에 옮기는 것이 거의 불가능하다. 어느 정도 규모화된 회사라면 더욱 그렇다. 심지어 상사나 고참은 자신을 무시하는 행위라 여길 것이다. 자칫 타부서와의 알력관계나 세 싸움에 휘말릴 우려도 있다.

직장생활을 하다 보면 거절해야 할 일, 수긍하지 못할 일들이 종종 생긴다. 대부분은 그런 일의 연속이기도 하다. 어느 냉소주의자는 '월급은 그런 상황을 잘 참고 견뎌내는 대가'라고도 말한다. 그러나 직장은 군대가 아니다. 각자 맡은 업무가 있고, 주어진 환경 속에 가장 좋은 결과물을 이끌어내는 현장이다. 그 트레이닝 과정이 곧 커리어다.

싫은 것은 안 하고 좋은 것만 하고 살 수는 없다. 그러려면 너무 많은 리스크를 감수해야 한다. 그러나 슬프게도 세상은 가만히 있으면 가마니인 줄 안다. 요령과 스킬이 필요하다. 불가능한 일, 불합리한 일, 부당한 일은 적당히 물리치고, 그러면서도 결코 게으르거나 부정적이지 않으면서 유능해보여야 한다. 즉, "No!"라고 말하지 않고 거절할 줄 알아야 한다.

거절을 하기 전에 점검할 8가지

1. "아닌데요"가 아니라 "그렇군요"다.

젊은 직원, 여성, 경력이 적은 경우 흔히 상대의 반론이나 억지에 "아닌데요"라고 대응하는 일이 잦다. 컴플레인하는 입장에서는 이미 작정하고 시작한 것이기 때문에, "그건 아닌데요"라는 식의 대응은 상황을 악화시키거나 좋지 않은 대화가 길어질 뿐이다.

상대의 컴플레인에는 일단 "그렇군요", "아, 그렇습니까?" 등 내용을 듣고 있으며 입장을 이해하고 있다는 뉘앙스의 답을 하도록 한다. 물론 감정이 드러나지 않도록 포커페이스(poker face)는 기본.

2. 목적과 의도를 파악하라.

상대가 화를 내고, 컴플레인을 하고, 나의 제안을 거절하고 있다. 상황이 더 나빠지고 있다. 납득하기 힘들고 부당하다는 감정이 먼저 솟구치더라도 일단 한 번 더 생각해보자. 모든 현상과 결과에는 다 이유가 있다. 부당한 인사, 경고, 컴플레인이 오기까지 어떤 히스토리가 있었을 것이다. 견적이 예산을 넘어서, 상대의 입장이 난처해져서, 본인에게 결정권이 없기 때문에 등등 과정과 배경을 파악해 근본적인 해결방안을 찾도록 한다. 이유를 캐묻는 것이 아니라 파악하라.

3. 우물쭈물하면 안 된다.

즉자적으로 'No'라고 거절해서는 안 되지만 그렇다고 유야무야 스리슬쩍 넘어가는 식은 최악이다. 상대는 답을 기다리다 거절당할 경우 더 곤란에 처하거나 분노하기 때문이다. 확실한 답변을 요구하는 상황이라면 "잠깐만 생각해보고 답하겠다"라고 한 뒤 적합한 이유를 대고 거절해야 한다. 거절의 답은 최대한 빨라야 한다.

또 이번에는 피치 못할 사정으로 들어주지 못하게 되었으니 다음번에는 꼭 들어주겠다고 약속을 하도록 한다. 물론 반드시 지킬 각오로.

4. 이름과 직함을 자주 말하라.

"팀장님 말씀대로", "고 과장 입장에서는", "부장님으로서는 당연한 거죠" 등 상대의 이름과 직함을 자주 거론한다. 상대는 자신이 존중받는다는 느낌과 지금의 이 상황이 충분히 공감되고 있다고 믿는다. 또 거절을 당하더라도 자신이 무시당했거나 의도가 전달되지 않았다는 낭패감에 휩싸이지 않을 수 있다. 그리고 대화 도중의 적절한 추임새는 상대의 요구 수위를 좀 더 완화시키는 효과도 있다.

5. 대안을 알려줘라.

무조건 안 된다고 하기보다는 다른 해결방안을 제시하며 유도한다. "그건 저희 소관이 아닌데요"라든가 "그건 어렵겠는데, 어떻게 하죠" 보다는 "이런 방법은 어떨까요?"나 "알아봤는데, 이런 방법이 있습니다"로 주의를 환기시킨다.

도움이 될 만한 다른 정보가 없을 수도 있다. 그럴 경우 "저도 더 알아보도록 하겠습니다"라고 한다. 물론 적당히 공수표를 날리고 종료하면 되는 상황인지, 나중에라도 리액션을 취해야 하는 일인지는 케이스 바이 케이스(case by case)다.

6. 선택할 수 있게 하라.

까다롭고 어려운 문제일수록 정답은 하나가 아니다. 그렇다고 해서 무조건 끌어안고 있을 수는 없다. 그런 경우 역으로 상대가 선택하게 하는 방법을 써보자.

"세 가지 방법이 있습니다. 하나는 어쩌고저쩌고 하는 방법이고, 그 다음은 블라블라블라입니다. 또 하나는 이러저러한 방법이 있지요. 장단점이 있기 때문에 무엇을 하라고 말씀드리기는 어렵습니다."

이 정도 되면 이미 거절이 아니다. 거의 해결방안인 셈이 된다.

7. 짧게 끝내라.

오뉴월 꽃타령도 하루이틀이다. 하물며 좋지 않은 이야기를 길게 끌어봤자 돌아오는 것은 짜증과 억지일 확률이 높아진다. 상대의 요구사항, 주변 정황을 파악하고 확인한 후 일단 그 상황을 종료시키고 대안을 찾은 다음 상황을 재개하라. 무성의하게 보여서는 안 된다. 그러려면 최대한 빠른 시간 안에, 대안을 가지고, 앞서 설명한 것들을 실천에 옮기면 된다.

8. 눈치 보지 말고 열정으로!

'에빌린 패러독스'라는 말이 있다. 조지워싱턴대 교수 제리 B. 하비의 저서와 동명제목으로, 조직 역학에 대한 이론이다. 어느 일요일, 온 가족은 그저 TV 앞에 앉아 레모네이드나 마시며 한가하게 보내고 싶었지만, 아무도 'No!'라고 말하지 않았기 때문에 결국 모두가 자동차를 타고 몇 시간이나 걸리는 에빌린이라는 엉뚱한 동네로 가 외식을 하고 돌아왔다는 얘기다. 아무도 원하지 않은 먼 거리를 다녀오며 황금 같은 일요일 하루를 허비하게 된 셈인데, '그냥 시키는 대로', '튀기 싫어서', '다른 대안이 없어서', '거부할 권리가 없어서' 등이 각자의 이유였다.

조직은 강제로 압력하지 않는다. 그렇다고 착각할 뿐이다. 동의하지 않으면서 동의하는 척하거나 당연하게 받아들이고 복종하라는 것이 아니다. 가장 나쁜 것은 '어쩔 수 없다'라는 이유다. 그런 자세는 우리를 모두 에빌린으로 가게 만든다. 사리에 맞게 행동하라. 눈치를 보지 말고 열정으로 다가가야 한다. 반사적인 불평과 게으름이 아닌 명확한 이유와 절차를 갖춘 거절과 반대. 아직도 많은 부분이 관료화의 틀 안에 들어 있는 대한민국 조직 사회에 꼭 필요한 스킬이다.

새로운 상사가 왔다

• 역지사지의 기술 •

부서가 바뀌고 팀제가 변경되고 구성원에 변동이 온다. 윗사람도 바뀐다. 오며가며 인사라도 하던 옆 부서 상사는 정보라도 있지만 외부에서 영입된 경우라면 얘기가 다르다. 성격이 불 같다든가, 일처리는 야무지다든가, 공과 사를 구분 못한다든가 등등의 소문이 돌기는 하지만, 모든 것은 겪어봐야 아는 법. 팀원들은 긴장하게 된다. 자칫 초반에 찍히기라도 하면 앞으로 골치 아파지고 잘 보이려 오버하며 나서기도 그렇고⋯. 새로 바뀐 윗사람, 어떻게 해야 적당히 싹싹하게, 밉보이지 않을 수 있을까?

물렁물렁 물로 봤다 큰 코 다쳐요

새 팀장이 왔다. 경력도 성과물도 좋은 사람이라 들었지만 이쪽과는 다른 분야다. '어디, 얼마나 하는지 보자'는 것이 기존 팀원들의 자세. 그런데 특별한 것이 없다. 딱히 눈에 띄게 다른 것도 없다. '별것 아닌데' 하는 마음이 든다. 특별히 군기를 잡거나 나무라지도 않는다. '역시 별것 아니네.'

팀원들이 방만해지자 팀장이 조정에 나섰지만 이미 팀장을 물로 보고 있다. 근무태만부터 업무소홀까지 팀원들은 스스로 약점을 만들었고 팀장은 그대로 고과에 반영하고 공식적으로 절차를 밟아나갔다. 결국 다음 인사 시즌에 팀원들은 기득권을 잃고 한직과 지원부서 등으로 밀려나가며 팀은 새로 정비됐다.

가만히 있으면 가마니인 줄 아는 게 문제다. 말없이 좋게만 대하는 사람을 쉽고 편하게 또는 만만하게 보는데, 그만큼 어리석은 일도 없다. 그러나 조직에서 흔하게 벌어지는 일이기도 하다. 말없이 조용한 캐릭터는 원리원칙에 정확하고 순리대로 일을 해결하는 습성이 있다. 팀을 맡아도 처음부터 자기 방식대로 바꾸고 밀어붙이기보다는 기존 방식을 존중하고 자연스럽게 융화되기를 바란다. 팀원들의 입장에서 보면 가장 바람직하다.

또 회사는 도덕적으로, 금전적으로 엄청난 문제를 일으키기 전에는 신임 팀장을 건드리지 않는다. 무능하고 별것 없는 팀장이라도 하극상을 일으키는 팀원들을 편들어주지 않는다. 그러므로 팀장과 적대적인 관계는 절대적으로 불리하다.

하지만 일이 진척되지 않아 팀이 정체되는 느낌을 받는 것은 문제다. 이런 경우는 팀장에게 기존 방식을 자연스럽게 주지시키고 결정이 아닌 선택을 하게 하면 효과적이다.

"보통 이런 경우는 A로 흘러가게 되는데 B와 C 둘 중에 하나로 결정하면 될 것 같습니다."

유순한 원칙주의자 특유의 결정 장애를 커버하면서 성과를 흐트러트리지 않고 융화를 도울 수 있도록 하자.

👓 카리스마와 권력은 동의어가 아니다

이 업계에서 유명한 사람이란다. 성과도 능력도 뛰어나다고 들었다. 눈초리도 매섭고 분위기도 살벌하다. 한마디로 카리스마 넘치는 스타일의 상사가 새로 왔다. 팀원들은 긴장한다. 조금이라도 실수하면 안 될 것 같고 업무적으로 인정받아야만 한다. 엄청난 고액 연봉에 스카우트되었다는 소문도 돈다. 모 임원의 낙하산이라고도 하는 걸로 보아 우리 회사의 주류가 될 것임에 틀림없다고 판단한 팀원들.

파벌 간 세력 다툼이 있던 회사였기 때문에 얼른 버스를 갈아타야 한다고 생각했다. 새 팀장의 비위를 맞추고 모든 시스템을 그의 방식에 맞춰 바꿨다. 팀 분위기는 금세 좋아졌다. 하지만 회사에서는 왕따가 되어가고 있었다.

얼마 안 있어 새 팀장은 다른 회사로 옮겨갔다. 또 거액 연봉에 능력을 인정받았다는 소문이지만 남은 팀원들에게는 지붕이 날아간 셈이다. 새 팀장은 전 팀장과 라이벌 관계였던 사람이다.

능력 있고 카리스마 있는 상사에 대한 로망은 현실에서는 접어라. 일적으로 배울 것 많고 업무적으로 잘 따라야 하는 것은 당연지사겠지만 능력과 카리스마가 조직에서 권력과 직결되지는 않기 때문이다. 특히 외부 영입의 경우 회사는 많은 기대를 갖지만 조직 내에서 반대급부가 형성되기도 쉽다. 기득권을 가진 기존 세력들과 경쟁관계에 놓이기 쉽고 그런 가운데 능력보다는 권력 지향으로 판이 흘러가게 된다.

'고액연봉자=능력=주류'의 단순한 공식을 버리고 멀리 보고 넓게 생각하라. 과유불급(過猶不及). 특히 오랜 파벌이 존재하는 회사에서 섣부른 줄타기만큼 위험한 것은 없다.

👓 윗사람은 늘 외로운 법

역지사지(易地思之)다. 그 사람 입장이 되어보면 가장 이해하기 쉽다. 어느 날 자리를 옮겨 새로운 팀을 맡게 되었다.

'기존 팀원들이 나를 잘 따를까? 그들에게 내가 가시적인 무엇을 보여줄 수 있을까? 뒤에서 욕하면 어쩌지? 마음에 맞는 팀원들이 있을까? 오른팔 같은 존재가 하나 있어야 할 텐데….'

대부분의 새 팀장들은 이런 고민을 한다. 마음에 안 든다고 해서 다 자르고 새로 뽑을 수도 없다. 어떻게든 맞춰나가야 한다. 그런데 팀원들은 이 눈치 저 눈치 보며 겉돌기만 할 뿐이라면?

거리는 좁혀지지 않는다. 팀 플레이에서 성과를 내지 못하면 팀원도 팀도 하락세를 걷게 된다. 아무리 능력 있는 좋은 팀장이라 하더라도 성과가 나오지 않는 한 소용이 없는 것이다. 또 조직의 역학적 문제에 지나치게 민감하거나 집착하면 균형을 잃고 실수하게 된다. 천

년 만 년 권세를 누릴 것 같았던 임원이 '집에 갔다'.

'음, 저 A 팀장은 이제 사양길이로군. 그럼 이제 B 팀장이 잘나가겠구나. 그럼 B 팀장에게 잘 보여야겠는걸.'

이렇게 판단하고 실천에 옮기다 자기 무덤을 파는 사람이 적지 않다. 눈에 보이는 것이 전부가 아니기 때문이다.

회사는 한 가지 이유로 인사(人事)를 결정하지 않는다. 누군가 물을 먹은 것 같다고 할 때, 인사의 불이익은 일종의 징계나 책임소재를 포함하지만 실은 그것이 또 다른 기회로 작용해 권토중래(捲土重來)하는 경우도 적지 않다. 파벌과 인사에 민감할 수밖에 없는 조직이라면 눈에 보이는 것보다 보이지 않는 상황을 파악해야 한다. 가시적인 역학관계보다 전후 상황을 살펴라.

일단 자신의 업무 페이스가 흔들리지 않는 것이 일차다. 새 상사와의 호흡이 맞지 않아 생길 수 있는 리스크를 최소한으로 줄이는 데 전력을 다해야 한다. 상황을 완벽하게 파악하는 것과 상세한 보고 준비는 기본이다. 그러고 나서 연애를 하듯 서로 입맛과 취향을 맞춰나가면 된다. 인간적으로 마음에 들고 안 들고는 그 다음 문제다. 그리고 선택의 키는 당신이 아닌 상사에게 있다는 사실을 잊지 마라. 상사는 자신을 돕는 자를 돕는다. 누이 좋고 매부 좋은 길이 왕도다.

:: 아첨이라 욕 먹지 않고 새 팀장과 가까워지려면?

• 담백하게 오픈하라

조직이니 파벌이니 물을 먹었니 안 먹었니 하는 머리 굴림은 사실 다 필요 없다. 사람은 겪어봐야 아는 법. 담백하게 오픈하고 긍정적으로 받아들여라. 웃는 얼굴에 침 뱉을 수 없고 좋게 시작하는 관계가 나쁘게 꼬일 리 없다.

• 인간적으로 다가가라

처음 서로 적응하는 동안 어색하고 어려운 것은 윗사람이나 아랫사람이나 마찬가지. 익숙하지 않은 시스템에 적응해야 하는 것은 윗사람이다. 이럴 때 인간적으로 다가가면 상사의 외로움과 불안을 해소하고 고마움을 느낄 것이다.

• 일단 그를 믿는다

윗사람을 평가하려 들지 마라. 의심하려 하지도 마라. 의혹의 눈길로 보면 긍정적인 답을 얻기 힘들다. 일단은 그를 믿고 따르라. 대부분의 인간은 자신을 믿고 따르는 사람들 속에서 실제 이상의 능력을 발휘할 수 있다.

• 그의 이야기를 들어주라

단지 그의 호감을 사기 위해서가 아니라 이야기를 듣는 동안 그가 어떤 일을 해왔는지, 어떤 식으로 일을 처리하는지 등 구체적인 정보를 얻을 수 있다.

• 일일플랜을 짜라

천성이 남과 쉽게 친해지기 어려운 성격이 있다. 새 팀장이 가장 어려워 하는 케이스다. 이런 경우 일일플랜을 짠다. 오늘은 커피 한 잔, 내일은 '식사하셨습니까' 인사하기, 모레는 '오늘 안색이…' 안부 묻기 등 간단한 플랜을 하루에 하나씩 실천하라. 그런 노력하는 자세만으로도 상사의 마음이 움직이게 된다.

• 작은 친절과 예의를 중시하라

찍히고 싶지 않다면 식사, 엘리베이터나 출입문 드나들 때 등 예의와 매너가 필요한 상황을 꼼꼼하게 잘 챙겨라. 처음에는 그런 것에 예민하기 쉽다. 반대로 그런 소소한 매너를 잘 챙길수록 상대의 호감도 높아진다.

Chapter 5

위기의 상사들

• 실수와 사건·사고에 대처하는 그들의 자세와 우리의 입장 •

문제가 생겼을 때 즉각적이고 현명한 판단과 행동력으로 문제를 해결하는 멋진 상사와 일하고 있다면 다행이지만, 불행한 사실은 문제가 생겼을 때 해결은커녕 짜증을 유발하고 책임을 떠넘기며 오히려 문제를 더 커지게 만들어버리는 상사도 많다는 것.

아무리 완벽하게 준비하고 사전점검과 꼼꼼한 진행을 했어도 '사람이 하는 일'이다 보니 어디선가 예상치 못한 일이 발생하거나 참으로 어이없는 작은 문제로 결과가 흔들리곤 한다. 게다가 내가 아닌 다른 사람의 실수는 늘 점화돼 있는 다이너마이트다.

문제가 생기지 않으면 가장 좋지만 문제가 일어났을 때 어떻게 대처하느냐에 따라 결과가 달라진다. 책임은 결국 팀과 개인에게 모두 돌아가게 되므로 위기 대처의 과정과 자세는 서로 민감할 수밖에 없다.

👓 "그러게 누가 이렇게 하래?"-책임전가 하기

사람들은 알고 있었다. 이 일이 이렇게 될 것이라는 걸. 그럼에도 남의 말을 듣지 않고 자기 고집과 입장만 내세우더니 결국 틀어졌다. 그러자 이번에는 "왜 진작 보고하지 않았어?"라든가 "그러기에 제대로 좀 했어야지"라며 남의 탓으로 몰고 간다. 책임소재를 떠넘기는 건 당연지사.

사실 이런 타입은 미리 협의하고 보완하기 어렵다. 왈가왈부, 누가 잘했네, 네가 잘했다 따져봤자 소모전이고, 대체로 교묘한 논리 전개와 말솜씨를 가졌기 때문에 역부족이다. 당신에게 심판권이 있는 게 아니라면 가시적이고 물리적인 허점과 실책의 요소를 체크하는 것이 우선이다. 즉, 당신에게 화살이 돌아오지 않도록 하는 것이 1차라는 얘기.

👓 "그건 내가 한 것 아닌데"-자랑이다, 자랑이야

무슨 일이 생기면 0.5초 만에 바로 "나는 모르는 일인데"라는 말부터 시작하는 유형. '그래, 그 자리에서 그걸 몰랐다는 게 자랑이다, 자랑이야.' 정말 짜증나는 타입. 최근 우리 사회의 나쁜 고질병 중 하나인 '일단 일어난 일은 딱 잡아떼고 보기'도 이 유형에 속한다. '그때뿐', '아니면 말고', '증거 있으면 가져와보든가' 하는 뻔뻔 부록도 함께 달려있다.

특히 상사라면 어처구니없게 느껴지기 딱 좋은 유형인데, 문제를 교묘하게 다른 사람에게 전가하는 능력이 있기 때문에 위험하다. 또 이런 타입은 수직적 상하관계를 중시하는 성향이 있어 문제가 해결되는 즈음해서는 은근히 자신의 공으로 넘기려 하기도 한다.

이런 상사에게 잘 보이고 싶다면 적당히 자기 공을 넘기는 게 좋다. 굳이 그렇게까지 잘 보이고 싶지 않다면? 공개적인 자리에서 "이러이러한 부분은 제가 막아보죠"라고 남들이 다 알도록 보고하는 방식을 권한다.

👓 "너만 고상하다 이거지?"─잠수 타기

무능력자, 평소 말만 앞서던 유형. 자유주의자를 표방하지만 사실은 비겁한 자들. 사실은 잠수를 가장하고 자신의 가정사나 개인사를 처리하고 있을 확률이 높다. 그냥 포기하고 일을 처리하는 게 낫다.

아이러니는 이런 유형이 후배들에게나 여직원들 사이에서는 '이해되는' 타입이라는 사실. 피해를 입고 책임을 떠맡아야 하는 동료 입장에서는 복장 터질 노릇이지만 겉으로라도 적당히 그를 배려하고 챙기는 모습을 보여주면 대인배 소리를 들을 수는 있다.

잠수 타는 타입은 대체로 일이 해결되고 나면 논공행상을 주장하지는 않기 때문에 심한 비토도 어느 정도 피해간다. '그러려니' 하는 것이다. 물론 승진이나 업무 평가는 포기했을 것이다. 선택할 수 있다면 이런 유형과는 과감하게 바이바이도 나쁘지 않다. 그 다음 피해자는 바로 당신 자신일 수도 있기 때문이다.

👓 "이 상황이 재미있니?"-답 없이 오두방정

세상에 제일 재미있는 게 불구경과 싸움구경이랬다고, 무슨 문제가 생기면 귀신같이 알고 나타나 괜히 함께 수선을 피우는 유형. 자신과 직접적인 해당사항이 없을 때 유독 목소리가 커지고 세상에 정말 큰일이 일어난 듯 심각해진다.

평소 업무자존감이 약한 경우에 이러기 쉬운데 조용히 처리하고 넘어가고 싶은 일이 이런 사람 눈에 걸리면 그야말로 침소봉대다. 너무 그러니까 '지금 이 상황이 고소한가?' 하는 의심마저 든다.

"일단 처리하고 말씀드리죠"라고 적정선을 긋는 것이 필요하다. 막무가내로 덤비면서 책임을 추궁하는 타입이라면, 괜한 자존심에 "그건 제가 책임지겠습니다" 따위로 입막음하려 하지 마라. 입막음은커녕 추후에 트집거리가 된다.

이런 유형은 상황이 진정되면 자신에게 돌아올 문책을 두려워한다. 해결 과정과 결과를 가시적으로 보여주어 안심시키는 것도 필요하다.

👓 "사극을 너무 많이 봤나?"-장고에 들어가기

사건은 이미 터졌는데 입 꽉 다물고 장고(長考)에 들어가 버린다. 어쩌라고! 그래서 현명한 답이 나오면 정말 다행이지만 문제는 기다리다 지친 다른 사람들이 답을 만들어내야 한다는 것. 독촉하고 코너에 몰려 어찌어찌 나온다는 답은 그야말로 '장고 끝에 악수(惡手)'.

무능력하거나 남의 눈치를 너무 많이 보는 타입이 위기에 부딪히면 보이는 행태다. 실제로 답은 없고, 뭔가를 하자니 자신이 없고, 해결이 안 되는 것은 두렵기 때문이다. 이런 타입은 늘 다른 사람이 구체적인 대안을 갖고 올 때까지 별다른 행동과 의견을 보이지 않는다. 목마른 사람이 우물 판다고, 답을 기다리지 말고 답답한 사람이 서둘러 움직이는 게 현명하다. 단, 그가 스스로 무시당한다는 느낌이 들지 않도록 중간중간 구체적인 보고와 상의를 하는 것은 필요하다.

"뭐가 대체 어떻게 돌아가는 거야?"-돈키호테 형

능력과 책임감을 지닌 경우 위기를 자기 스타일대로 해결하려는 경향이 있다. 대신 다른 사람의 입장을 고려할 겨를이 없다 보니 따라가는 입장에서는 뭐가 어떻게 돌아가는지 몰라 허둥지둥하게 된다.

해결방안과 능력이 있다면 다행이다. 정신이 좀 없어도 따라가는 것을 권한다.

문제는 해결능력이 없는 경우다. 만류하고 주의를 환기시켜봤자 짜증만 내거나 남의 말을 들으려 하지 않는 사람도 많다. 좋은 방법은 아니지만 그냥 내버려두는 수밖에 없다. 대신 놓치는 것과 문제점 등을 잘 기억해두고 있다가 그가 해결하지 못한 일이 당신에게까지 영향을 끼쳐올 때 천천히 처리하도록 한다. 어찌 보면 그의 어수선함은 문제 해결을 위한 시간을 벌어주는 것일 수도 있다.

:: 위기를 기회로 만드는 직원의 스마트한 자세

실제로 위기가 닥쳤을 때, 상사를 탓하고 원망하고 욕할 겨를은 없을 것이다. 다음은 사건·사고 상황에서 기억해두어야 할 올바른 대처 매뉴얼이다.

- **급한 불부터 꺼야 리스크가 줄어든다**
  우선 일어난 문제에 대한 해결방법을 찾는 일이 시급하고 리스크를 최소한으로 줄이는 것이 급선무다.

- **문제 해결에 자존심은 필요 없다**
  자존심 찾는 사람치고 능력 있는 사람 못 봤다.

- **명령과 지시를 기다리지 마라**
  정답은 '해결'이다. 해결이 되면 월권이나 손해니 하는 문제는 중요치 않다. 해결이 안 됐을 때 문제가 되는 것이다.

- **책임소재는 그 다음 문제다**
  문제가 일어나면 가장 먼저 "누구 책임이지?"를 따지는 유형들이 있다. 대체로 무책임하거나 무능력자이거나 요리조리 빠져나가는 타입인 경우가 많다. 책임소재는 나중에 따져도 늦지 않다.

- **문제의 본질을 바로 알자**
  '누구의 잘못인가', '왜 그리 되었는가'를 제대로 파악하는 일은 중요하다. 거기에 해결의 실마리가 있기 때문에. 문제는 문제가 일어난 곳에 답이 있다.

- **다시 반복하지 않으면 된다**
  실수는 누구나 할 수 있는 것이고 시행착오는 죄악이 아니라 이를 거쳐 시정하라는 개념이다. 그러나 같은 문제가 반복된다면 근본을 자르거나 도려내는 일도 때로는 필요하다. 물론 예방할 수 있다면 그것이 최선이다.

PART 4

관리하고 보살펴야 할
끊임없는 줄다리기

• 부하직원 편 •

당신은 멘토인가

• 존경받고 신뢰 얻는 선배가 되기 위한 대화의 기술 •

사람은 스스로 존경하게끔 만드는 뛰어난 무언가를 지닌 지도자나 스승을 원한다. 복잡하고 답이 없는 조직생활의 면면을 지혜롭고 자연스럽게 해결할 수 있도록 도와주는 조력자를 원한다. 유난히 마음이 끌리는 사람, 저 사람에게 가서 상담을 구하면 세상의 어려운 일에 대해 지혜로운 답을 얻을 수 있을 것 같은 느낌이 있는 사람들이 있다. 그러나 회사생활의 '구루(guru, 스승이나 지도자)'는 총명한 지혜보다는 뛰어난 화법을 지닌 사람일 경우가 더 많다.

공자는 함께 길을 걷는 세 사람 중 반드시 한 명은 스승이 된다고 했다. 서로가 서로에게 배운다는 뜻도 되지만, 누군가 나보다 나은 사람을 통해 도움을 얻고 싶어 하는 사람의 심리가 녹아있기도 하다.

회사생활도 마찬가지. 답이 없고 팍팍하기만 한 조직생활, 애인이나 가족은 현실을 모르고, 같은 현실에 속한 동료와는 입장차가 교차돼 민감할 수밖에 없다. 이럴 때 나의 갈등을 짚어주고 현명하게 조언해줄 수 있는 사람, 어디 없을까? 조직활성화와 사내문화 혁신을 위

해 시행되고 있는 '멘토·멘티' 프로그램의 배경도 이와 같은 맥락에서
출발한 것이다.

사회생활을 하다 보면 관계나 업무에 상관없이 어쩐지 마음이 끌리
고 신뢰와 믿음이 가는 사람들을 만나게 된다. 회사생활도 마찬가지다.
공식적인 사내 조직활성화 프로그램이 아니더라도, 같은 부서나 팀이
아니더라도 어쩐지 따르고 싶은 선배나 상사가 있다. 유난히 마음이 끌
리는 사람, 나이나 직급이 위인 경우 찾아가 상담을 구하면 세상의 어려
운 일에 대해 지혜로운 답을 얻을 수 있을 것 같은 느낌이 있는 사람 등.

지혜와 총명함을 갖춘 인격자도 있겠지만, 한 꺼풀 벗겨놓고 보면
'꼭 그렇지만도' 않다. 그런데 늘 후배가 따르고 평판도 좋고 그가 하
는 말은 사람들이 경청하는 것은 부러운 일이다.

혹자는 '팔자' 또는 '기(氣)'라고도 한다. 그러나 회사생활의 '구루'
는 공통적으로 총명한 지혜보다는 뛰어난 화법을 지녔다. 현자는 답
을 주는 사람이 아니라 답을 얻는 질문을 주는 사람이다. 사람을 끌어
당기는 대화가 있는가 하면 사람을 밀쳐내는 대화도 있다. 그들은 사
람을 끌어당기는 대화법을 갖고 있다는 얘기다. 당신의 대화법은 어
느 쪽인가? 부러워만 하지 말고 회사생활의 구루가 될 수 있는 대화
의 기술을 알아보자.

📢 이성보다 감성으로 들어라

상담이나 조언을 구할 때, 또는 하소연이나 투정 섞인 푸념을 해올

때, 똑똑하고 똑 부러진 선배의 바른 모습을 보여줘야 한다는 생각에 갑자기 냉정해지지는 않는가? 그러나 사람은 어떤 문제에 부딪혔을 때, 대부분 자기 자신 안에 정답을 갖고 있다. 그리고 그 답의 정당성을 찾기 위한 확인 절차를 거치는 것뿐이다. 한마디로 '몰라서 하는 말이 아니'라는 얘기.

정말 어려운 일도 있을 수 있다. 상대가 감정적으로 나오면 반대로 이성적이 되는 것이 사람 심리이기도 하지만 냉철한 판단보다는 감성적으로 받아들이고 이해해주는 것이 먼저다. 또 초반부터 냉정하게 정리를 시작하면 이후의 대화를 단절시킬 수도 있다. 상담은 답을 주는 것이 아니다. 답을 찾는 것은 나중에.

📢 옳은 말을 해야 한다는 강박관념에서 벗어나라

사람을 끌어당기는 대화의 기술 첫째 원칙은 '내가 하고 싶은 말'을 하지 말고 '상대가 듣고 싶어 하는 말'을 하라는 것이다. 나는 선배니까, 내가 윗사람이니까 옳은 말을 해야 한다는 생각은 일종의 강박관념이다. 흑백이 명확한 문제였다면 애초에 갈등의 소지도 없었을 것이다. 또 요즘 후배들은 당신이 생각하는 것처럼 그리 어리석지 않다.

어설프게 바른 조언은 상담역의 자격을 박탈당하게 될지도 모른다. 얘기를 끝까지 듣고 상대가 원하는 게 무엇인지 정확히 파악하기 전까지는 섣불리 바른생활 책을 꺼내지 말자. 또 도덕적인 것만이 답은 아니다. 오히려 반대로 뒤집었을 때 해결 가능한 일도 많다.

📢 실패한 결과는 과정을 칭찬하라

잘못된 결과에 낙담하고 있을 때, '괜찮아, 잘할 수 있어. 다음에 더 잘하면 되지' 류의 격려나 위안은 사실 큰 도움이 못된다. 오히려 '나를 동정하고 있구나'라든가 '괜히 입에 발린 말을 하는 거야'라고 비딱하게 받아들일 수도 있다.

결과가 참담하다면 과정을 칭찬함으로써 '너는 옳았고 결과가 이렇게 된 것뿐이야'라는 메시지를 전달하라. 그것이 낙담하여 하소연하는 입장에서 듣고 싶은 위안이다.

과정이 잘못되었을 수도 있다. 그러나 돌이켜봤자 소용없는 일이 됐다. 이미 지난 일이고 복구할 수 없는 상황이라면 그건 그냥 '네가 몰라서 그런' 것이다. 모르는 것이 잘못은 아니니까.

📢 비판은 팩트에만, 충고는 비공식적으로

정말 잘못된 것이 있다면 팩트를 중심으로 얘기하라.

"그건 시장 가격이 80원이니까 최소한 100원보다는 높은 가격이었어야 해."

"그날 너는 12시 전까지 도착했어야 해."

이런 지적에 마음 상할 리도 없고, 또 자신의 과오에 대해 구체적인 교정 방향을 확인받는 것이다.

충고를 할 경우는 "이건 선배로서 좋은 얘기는 아니지만", "내가 이런 식으로 말하면 이상하게 들릴지 모르지만" 등 '비공식적'으로 하라. '윗사람으로서 너를 가르치려 하는 것이 아니라 네가 잘 되길 바라기 때문에'라는 메시지를 심어주는 것이다.

📢 "나도 그랬어"는 잘난 척이 아니라 공감용으로

'나도 그런 경험이 있다'라는 전제는 사용법이 크게 두 가지다. 하나는 상대와의 공감을 이끌어내기 위한 것이고 또 하나는 '나는 이미 그런 것을 다 겪어봤으며 해결법도 알고 있다'라는 잘난 척과 과시용이다. 또 "나도 이미 다 해보고 하는 말이니 내 말이 맞아"라는 은근한 강압과 암시도 포함된다. 성공적인 카운슬링은 절대 상대를 가르치려 들어서는 안 된다는 것을 기억하라.

흔히 여성과 남성의 화법을 구분하곤 하는데 "나도 그랬어"라는 표현은 대화에서 상호 공감을 중시하는 여성들이 더 바람직하게 사용하고 있다.

📢 결론 대신 애프터를 신청하라

어차피 결론은 없다. 결론보다 중요한 것은 상담을 구한 상황이다. 어렵고 복잡한 얘기에 상담역의 입장에서는 난처할 수 있다. 얘기가 마무리 안 될 경우가 많은데, 그럴 경우 "좀 더 고민해보고 다음에 다시 깊이 얘기해보자"라고 애프터 신청을 해두도록 한다. 상담을 구한 자신이 상대를 귀찮게 하지 않았을 뿐 아니라 '이 사람은 나를 위해 앞으로 계속 신경을 써주고 있겠구나' 하는 안도감이 들 것이다.

단, 구루와 골목대장 노릇은 다르다. 후배들이 좀 따른다고 해서 대놓고 몰려다니는 모습을 좋아할 상사나 회사는 없다. 또 괜한 영웅심리가 발동해서도 안 된다. 후배들은 민감하고 예민하고 섬세하다. 그들이 조언을 구했지만, 평가도 그들이 하고 있는 것이다.

Chapter 2

열어주고, 인정하고, 긍정하라

• 팀원이 따르는 팀장의 대화법 •

모든 팀장들은 같은 고민을 갖고 있다. '왜 나의 마음을 몰라주는 것일까?' 팀원들의 상사에 대한 불신은 대부분 잘못된 대화법에서 시작된다. '직장이 다 그렇지, 조직이 다 그렇지' 하며 냉소로 일관한다면, 팀의 존재이유인 창의와 효율은 기대할 수 없게 된다. 팀이 잘나가야 팀장이 잘나가는 것! '으쌰, 으쌰' 힘을 내기 위해 점검해야 할 대화법을 알아보자.

누구나 즐거운 직장생활을 바란다. 사이좋고 믿음직스러운 팀원들과 어려운 프로젝트를 척척 해결해 나가고, 서로 서로 즐겁게. 협의는 원활하고 성과와 실적이 좋아 상승의 성과 그래프를 바라보는 일. 팀원은 동등한 파트너십을 원하며, 믿고 따르고 싶은 수장의 역할을 기대한다.

그러나 현실은 다르다. 조그만 일, 사소한 일, 중요한 일, 심각한 일의 여러 과정 속에서 함께 일하면서 상처를 주고받는 관계가 팀장과 팀원이다. 팀장과 팀원의 관계에 따라 하루하루가 지옥일 수도, 학교일 수도, 즐거운 서클이나 놀이터일 수도 있다.

팀장과 팀원 사이에 갈등이 생기면, 팀원은 대부분 포기한다. 그러나 팀장은 포기할 수 없다. 팀이 제대로 굴러가도록 하는 수장이기 때문이다. 팀원들의 사기를 북돋고, 능력 있는 팀장으로서 팀을 이끌어나가고 싶다. 그런데 왜, 어디서부터 어긋나 있는 것일까?

언제나 소통이 문제다. 세대차와 입장차가 존재한다. 이 차이를 긍정으로 이끄느냐 갈등으로 비약시키느냐의 단초는 전적으로 '대화법'에서 출발한다.

📢 문제가 생겼을 때 나는 어떤 팀장인가

팀원이 진행하는 업무에 문제가 생겼을 때 그 사실을 숨기고 싶은 팀장, 상의하고 싶은 팀장이 있다. 당신은 어떤 팀장인가? "네 잘못이야", "그건 이렇게 했어야지"라는 질책은 일이 해결된 다음에 해도 늦지 않다. 일부러 일을 망치고 싶은 팀원이란 세상에 없다.

우선 정황에 대한 설명을 끝까지 들어주고 구체적인 해결방안을 함께 모색하도록 한다. 전화 한 통으로 단번에 해결하는 것도 좋지만, 너무 잦으면 팀원들이 의존하게 되거나 문제해결 능력이 트레이닝되지 않는다.

지금 당장 발생한 문제에 대한 해결 또는 해결의 실마리를 마련해주는 것. 팀장은 그러라고 있는 것이다.

📢 대화의 목적은 의견 조율이다

대화를 길게 하는 것이 피곤해서, 말해봤자 이해를 못할 테니까 등의 이유로 "이렇게 해", "저렇게 해"라는 식의 업무 지시로 얘기를 끝내는 타입은 아닌가? 또는 자신의 방식대로 일이 처리돼야만 직성이 풀리는 타입은 아닌가?

대화의 목적을 의견 조율에 두라. 팀원의 생각, 판단의 근거를 잘 듣고 의견을 물어 가장 나은 방향으로 유도하라. 일방적인 지시와 결정이 반복되면 팀원은 대화를 회피하게 된다.

📢 시대의 변화를 받아들여라

"우리 때는", "나 때는" 등의 말을 자주 입에 담지는 않은가? 문자로 업무보고를 하거나 현지퇴근 보고를 한다고 하여 불같이 분노하지 마라. 삼성그룹은 업무 효율을 위해 문자 보고를 적극 지원하고 있다. 메신저를 오래 하는 직원이 빈둥거리며 노는 것이라 의심하지 마라.

세상은 너무도 빨리 너무도 크게 변하고 있다. 사람이 아닌 시스템이 일을 하는 세상이다. '열심히'가 아닌 '합리'와 '효율'이 중요한 세상이다. 스마트폰을 사용한다고 새로운 세상에 적응하는 것은 아니다. 새로운 사고방식, 행동양식에 대한 오픈 마인드가 우선이다.

🔊 사적인 대화를 나눠라

현대차그룹 글로비스는 매주 월요일 아침마다 모닝 티타임을 갖는다. 차 한 잔을 앞에 두고 팀원들은 지난 주말 사이 무엇을 하며 지냈는지, 재미있는 일은 없었는지 업무와 관계없이 안부와 근황을 나누는 자리다. 긴장된 월요일을 여유 있고 편안하게 시작하기 위한 것.

수직관계에서 사적인 대화를 통해 팀원에 대한 관심과 배려를 표현하도록 한다. 칭찬은 고래도 춤추게 하고, 관심은 관계를 변화시킨다.

🔊 예의를 갖춰라

아무리 경력이 적은 팀원이라도 말을 함부로 하거나 무시해서는 안 된다. 오히려 어린 팀원일수록 그런 처우를 부당하다고 느낀다. 또 팀원이 주눅이 들면 원활한 대화가 어려워진다.

인격을 다치거나 모욕감을 느낄 수 있는 표현도 피해야 한다. 감정적으로 상처받은 팀원은 여간해서 그 기억을 지우지 못한다. 또 그런 경험을 가진 팀원은 자신의 후배에게 같은 상처를 줄 수 있다.

🔊 실수는 용서하라

인간은 실수를 통해 배운다. 의도적으로 실수하는 사람은 없다. 다만 반복하지 않아야 하는데 질타나 지적이 능사는 아니다. 지나치게 의식하고 주눅이 들어 더 나쁜 결과를 가지고 올 수도 있다.

자신의 실수는 자신이 가장 잘 안다. 한 번쯤 눈 감아 주는 팀장에 대해 고마움과 미안함, 다시는 반복하지 않겠다는 각오가 중요하다.

🔊 간단히 말하라

길어지면 잔소리가 된다. 상대가 내 말을 이해하지 못하는 것 같을 때 말이 길어지는데, 이야기를 짧게 했다고 이해를 못하는 것은 아니다. 이미 상대는 더 이상 이 이야기를 듣고 싶지 않은 것이다. 차라리 그 상황은 접고 다른 상황에서 다시 정리하는 편이 낫다.

그렇다고 지시하지는 마라. 팀원들은 누군가에게 지시받는 일에 익숙하지 않다. "해라"보다는 "하면 어떨까?", "하는 게 낫지 않겠어?"라고 해야 팀원이 그 일에 대한 주도권을 인식하게 된다. 그리고 "그럼 이 건은 그렇게 처리를 하겠다는 거지?"라고 요점을 정리한다.

🔊 '너'보다는 '나'를 가리켜라

"넌 항상 이게 문제야", "너 또 그랬구나"보다는 "난 이게 더 나은 것 같은데", "내 생각은 이래"라고 표현하라. '너'라는 표현은 자신이 공격당하고 비난받고 있는 것처럼 느끼게 한다. 반대로 '나'로 표현하면 동등한 대화와 의견을 나누는 것이라 받아들이게 된다.

또 가급적 팀원이 말하게 하라. 정황 설명을 들으며 현장의 판단을 인정하고, 팀원이 제대로 파악하고 있는 것인지를 판단하라.

🔊 방해하지 마라

중간에 말을 자르거나 지적을 하면 팀원은 대화를 회피하게 된다. 부정하지 말고 긍정하며 들어라. 또 업무 진행 중에도 점검이 방해 차원으로 비약해서는 안 된다. 생각한 것과 다른 방향으로 나아가고 있는 느낌이 들면 좀 더 이야기를 끝까지 들어보고 왜 그렇게 되었는지 인정하라. 현장에서의 판단은 그 자체로 중요하기 때문이다.

🔊 안 되는 것은 안 된다고 말하라

'부드러운 카리스마', '덕장'에 대한 세상의 요구에 따르다 물에 물 탄 듯 술에 술 탄 듯 팀원들에게 휘둘리는 팀장도 적지 않다. 그러나 결국 책임은 팀장이 져야 한다. 트레이닝되지 않은 팀원, 오르지 않는 성과는 팀장의 몫이다.

제대로 판단하고 안 되는 건은 끝까지 안 된다고 해야 한다. 물론 합리와 협의에 의해 바뀔 수도 있다. 그 가장 적합한 지점을 찾는 것이야말로 팀장의 능력이다.

나는 팀원과 얼마나 대화를 잘하는 팀장인가

다음 항목에 대해 1) 그렇다, 2) 그런 편이다, 3) 잘 모르겠다, 4) 그렇지 않은 편이다,

5) 전혀 그렇지 않다 등으로 체크하라.

1. 사생활보다 일이 우선이어야 한다고 생각한다.

2. 다른 팀에 비해 우리 팀원들의 능력이 떨어지는 것 같다.

3. 내가 업무에 관한 지적을 하면 팀원들이 기분 나빠하는 것 같아 불쾌해진다.

4. 팀원이 진행하고 있는 일을 파악하기 위해 늘 챙기고 확인하는 편이다.

5. 자리를 오래 비우거나 외근이 길어지면 답답한 마음이 든다.

6. 팀원들이 한가한 듯하면 어쩐지 초조해진다.

7. 팀원들끼리 뒤에서 나를 비난하지 않을까 신경이 쓰인다.

8. 팀원을 지적하는 일이 잦다.

9. 팀 분위기가 침체돼 있으면 업무지시나 지적을 조심하는 편이다.

10. 팀원들은 나를 어려워하는 것 같다.

11. 팀원들이 업무를 버거워하는 편이다.

12. 여러 번 지적해도 고쳐지지 않는 일들이 있다.

13. 회의는 간단하고 빠르게 진행되는 편이다.

14. 나와 함께 식사를 하면 팀원들이 어쩐지 불편해하는 것 같다.

15. 팀원들의 사생활에 대해 잘 모르거나 신경 쓰지 않는 편이다.

16. 팀원들과 세대차를 자주 느낀다.

17. 회사에 대한 팀원들의 충성도는 낮은 편이다.

18. 나의 업무 상황을 팀원들과 공유할 필요는 없다고 생각한다.

19. 팀원의 변명을 들으면 화가 난다.

20. 업무 지적을 하다 감정적으로 되는 일이 잦다.

• 결과

각 문항의 답 1번은 1점, 2번은 2점, 3번은 3점, 4번은 4점, 5번은 5점으로 계산해 모두 합한다.

80점 이상
팀원들과의 커뮤니케이션 이상 무(無)! 열심히 일만 하면 된다!

60~80점
팀원들을 좀 더 믿고 일을 맡기면 더 좋은 결과를 가져올 수 있다. 불필요한 잔소리는 주변 사람들을 밀어내는 결과를 가져온다는 사실을 잊지 마라.

40~60점
조금 자중해야 할 듯. 세세한 간섭, 당신의 방식대로 팀원들이 따라오기를 바라는 한 자율적이고 창의적인 조직 분위기는 기대할 수 없다.

40점 이하
당신의 생각보다 훨씬 더 심각한 거리가 생겼을 수 있다. 팀원들은 의기소침해 있고 업무 효율은 떨어져 있을 확률이 높다. 스스로를 먼저 돌아보는 것이 중요하다.

정도와 비위 맞추기

• 부하직원 시집살이 솔루션 •

윗사람으로서의 권위를 갖고 싶어서가 아니라 눈앞에서 일어나는 일들이 답답하고,
가만히 있자니 이건 아니다 싶다. 지적하고 지시를 하면 받아들여지지 않는 것 같고….
대리급, 과장급, 후배들이 하나둘 늘어나기 시작하는 3년차. 이제 막 선배이자 상사가
되기 시작한 이들에게 닥쳐온 문제는 매출과 업무보다는 아랫사람 스트레스다.

CASE1

K 사의 김 과장은 바로 아래 직속인 C 대리 때문에 스트레스를 받
고 있다. 타 부서에서 옮겨온 지 반 년. 이제 업무도 어느 정도 익숙해
졌고 서로 호흡 맞춰 해나가기만 하면 된다. 그러나 현실은 그렇지 못
하다. C 대리의 업무 스타일은 좋게 말하면 우직하고 강단이 있지만,
나쁘게 말하면 둔하고 게으른 타입. 순발력 있고 요령 좋은 김 과장
눈에는 허둥지둥 처리하는 모습이 자주 눈에 띌 수밖에. 주의를 주면

"시정하겠습니다"라고 대답은 하지만 기분 나빠한다. 은근히 '이건 내가 알아서 하고 있던 일인데 왜 이런 걸 간섭하는 거지?'라고 항명하는 듯도 하다.

CASE2

M 사의 박 팀장도 팀원들에게 불만이 많다. 카리스마와 추진력으로는 둘째가라면 서러워할 그는 자신이 맡은 팀을 회사 내에서 인정받는 위치에 올려놓았지만, 팀원들과의 관계는 드라이하다. 겉으로는 모두 예의 바르고 싹싹하지만 팀을 위해, 회사를 위해 어떤 성취를 위해 노력하는 열정은 보이지 않는다. 팀원들도 이런 팀장의 마음을 아는 듯 본인들이 인정받지 못한다고 여기고 있다. '아' 하면 '어' 알아듣는 파트너십을 가진 팀원이 절실하기만 한 박 팀장이다.

CASE3

L 사의 조 대리도 마찬가지다. 인턴사원들은 그냥 인턴만 수료하는 것이 목적이 아닌가 싶을 정도로 개념이 없고, 2년차에 접어든 후배는 일도 미숙하지만 배우려는 자세도 안 돼 있다. 최근 연애에 푹 빠져 칼퇴근에만 온 신경을 쏟고 있고 중요한 일도 미루기 일쑤다. 신경 쓰고 싶지 않지만 그 뒷감당은 부서원 모두가 해야 하고 대부분 조 대리 몫이다. 얼마 전 조 대리가 여름휴가를 다녀왔다. 그 사이 후배 혼자 처리하느라 애를 먹었다며 불평이 여간 아니다. 하지만 이런 휴가 시즌에 부서원 간 당연히 해야 할 일 아닌가?

직장생활의 여러 가지 스트레스 중 '아랫사람 스트레스'라는 게 있다. 꼭 직장에 국한하지 않더라도 세상살이의 괴로움이다. 세대차라 하기에는 연배차이가 크지도 않아 '요즘 애들…' 운운하기도 그렇다.

바짝 붙어있는 선후배 사이니 업무적으로도 근접해 있어 이런저런 결점이 눈에 자주 띄기 때문에 더 골치다. 사수, 부사수의 개념이 확실하지 않고 동성보다 이성 선후배 사이일 경우 간극의 차는 넓어져만 간다.

활기차게 잘 돌아가고 있는 옆 부서, 다른 회사, 다른 팀의 모습을 보면 부럽기도 하다.

'내가 카리스마가 없고 능력이 부족한 걸까?'

📣 직장에서 세대차는 입장차이다

'고작 나이 몇 살 차이인데 무슨 세대차?'라고 생각하기 쉽지만, 후배들은 그렇게 생각하지 않는다. 대학신입생 시절, 4학년이나 복학생 선배를 바라보던 때를 돌이켜보라. 회사에 갓 입사했을 때 대리들의 모습을 떠올려보라. 사실은 세대차가 아니라 입장차이다.

입장차는 세상을 바라보는 중요한 잣대다. 입장이 다르면 똑같은 사물과 현상에도 느끼고 생각하는 것도 달라진다. 그러나 입장은 강요할 수 있는 것이 아니다. 이해하고 설득하며 다가가야 한다. 모든 인간관계는 상호보완적이며 상대적이지만 언제나 상황의 키는 윗사람, 가진 사람이 쥐고 있기 마련. 선배·상사가 먼저 시작하면 훨씬 빠르게 상황이 달라질 수 있다.

일단 다가가라. 꾸준한 접촉이 필수다. 대기업 오너들이 트위터나 페이스북 등 SNS를 통해 좁히고자 하는 것은 '세상을 보는' 눈의 높이와 거리다. 실제로 여러 기업의 임원급 이상이 SNS를 통해 직원들과 관계를 맺으려 애쓰고 있다. 물론 열어만 놓고 별다른 업데이트가 없다든가, 조금 생뚱맞은 내용으로 팔로어들이 어색할 수도 있고, 회사나 상사 욕을 못하게 돼 당황스러울 수도 있지만.

📢 자신이 없을수록 경청하라

선배나 상사들의 흔한 착각 중에 '내가 능력이 없어서'가 있다. 이 자격지심은 사실 괜한 것일 수도 있다. 물론 아주 능력이 뛰어난 누군가가 실적을 찬란히 빛나게 한다면 좋겠지만 후배 입장에서는 꼭 그런 것만은 아니다. 천하를 통일한 것은 뛰어난 인재였던 항우나 미실이 아니라 덕으로 민심을 얻은 유방과 덕만이었다.

어느 정도 규모를 갖춘 조직에서 개인의 능력이 빛을 발하기란 쉬운 일도 아니며 한 가지 능력에 모든 것이 따라오는 것도 아니다. 또 능력과 덕을 겸비한 전지전능한 인간형은 존재하기 어렵다.

경청은 상대의 마음을 열고 나를 이해시키며 내 편으로 만드는 가장 쉽고 빠른 길이다. 업무적으로는 열린 토론의 장을 만들어 줄 수 있고, 실제로 필드에서 올라오는 생생한 아이디어일 수도 있다. 야비하지만, 문제가 생겼을 때 책임소재에 물타기도 할 수 있다. 자신이 능력 없다고 생각할수록 후배의 말에 경청하는 태도를 취하라.

🔊 내가 싫은 것은 남도 싫다

악독하기로 손꼽히는 선배 A가 있었다. 업무적으로는 능력이 있는 편이었지만 성격이 불 같고 편파적이며 감정적이었다. 조직에서도 문제를 자주 일으키는 트러블메이커였는데, 그의 밑에서 오래 일한 B 선배는 정반대로 온유하고 공정하며 조직에서도 위아래로 잘하는 타입이었다. 같이 일할 때 어땠는지 물었더니, "정말 많은 걸 배웠다"라고 답했다.

"나는 저러지 말아야지라는 생각만 했거든."

반면교사(反面敎師), 타산지석(他山之石)을 기억하라. 당연한 말 같지만, 어느 날 문득 내가 싫어했던 상사의 모습을 나 자신에게서 발견하게 되는 일이 종종 생긴다. 인간은 좋은 바이러스보다는 나쁜 세균에 쉽게 감염되기 때문이다. 다른 사람의 나쁜 점만 피해 가더라도 인격과 업무의 평균점은 넘길 수 있다.

🔊 사실 후배들은 아무 생각이 없다

후배나 직원들이 자신을 잘 따르지 않기 때문에 불만이 쌓이기 시작하고 나 자신에게 문제가 있는 것은 아닌가 하고 찜찜해 하기 시작하다 보면 상황은 점점 꼬여가게 된다. 상대의 말을 비틀어 생각하고 의도를 먼저 파악하려 애쓴다. 그럴수록 관계는 더 나빠지고 결국은 권위적인 방식을 택하게 된다.

사실 후배들은 아무 생각이 없다. 있는 그대로를 받아들이는 노력을 하라. 상대의 말을 꼬아 생각하거나 예측하거나 의도를 파악하려 애쓰지 마라. 관계의 벽을 더 높이 쌓을 뿐이다.

후배들이 갖고 있는 로망 중 하나는 '일 잘하는 선배가 구차한 것에 연연하지 않고 쿨하게 성공하는 것'. 일본과 한국 샐러리맨들의 판타지인 '시마(만화 《시마과장》의 주인공)'의 삶처럼. 파벌이나 정치 따위에 연연하지 않고 낮은 곳에 눈길을 주며 열심히 일하다 보면 여자도 따르고 권력도 얻게 되는 것이다.

🔊 **지적질하지 마라**

안타깝지만 요즘은 부모고 교사고 누군가를 가르치며 타이르지 않는 세상이다. 또 머리가 좋을수록 자존심이 강해 남에게 지적을 받으면 견디지 못하는 케이스도 많다. 로마에 가면 로마법을 따르듯이 세상의 감각에 맞춰야 한다.

사람은 지적을 받으면 어쩐지 그 일이 하기 싫어진다. 지적을 자주 하는 사람 옆으로는 가고 싶지 않게 된다. 상대의 결점을 드러내는 표현은 자제하라. "이건 아니지"가 아니라 "그것보다는 이 방법이 어떨까?"라고 말하라. "너무 성급한 것 같은데"보다는 "우선 이걸 먼저 확인해보자. 그리고 나서"라고 말하라. 남녀 간의 싸움에서와 마찬가지

룰을 적용해야 한다. 해결할 수 없는 상황으로 몰고가는 결정적인 한마디 "넌 항상"은 회사에서도 금기어다. 리더들을 위한 코칭 매뉴얼의 주제는 크게 두 가지다. 지시하지 말고 질문할 것. 그리고 스스로 깨닫고 행동할 수 있게 격려할 것.

📢 모든 책임은 윗사람 탓이다

거만하고, 다른 사람을 무시하고 남을 밟고 일어서기를 좋아하는 사람들 중에는 돈과 지위 앞에서는 다른 사람인가 싶을 정도로 겸손하고 친절해지는 경우가 많다. '도대체 어떻게 저럴 수 있을까?' 싶을 정도로 지독한 그의 이면에는 열등감이 있다.

윗사람 이야기 같지만 아랫사람에게도 해당된다. 능력이 없고 게으른 직원일수록 조직과 윗사람을 탓하고 불만이 쌓인다. 그러나 이조차도 윗사람 책임이다. 이런 룰과 현실을 극복하라고, 이러한 경륜이 쌓여 노련하게 대처하라고 월급을 더 주는 것이다.

팀장, 상사, 선배 등 모든 윗사람 최대의 미덕은? 바로 '인내'다. 최고의 리더십은 포용력이다. 업무성과와 매출을 극복하는 왕도일 뿐 아니라 그 자체가 능력이다.

투덜투덜 불평 많은 팀원 관리법

• 불평의 원인을 찾는 것이 우선 •

회사는 긍정적이고 충성도 높은 직원을 편애한다. 그럼에도 불구하고 수많은 직원들은 회사에 대한 불평과 불만을 멈추지 않는다. 불평불만이 많은 직원은 본인의 성취에도 한계가 있지만 팀 분위기에도 악영향을 끼친다. 그들의 태도를 바꾸고 팀 분위기를 쇄신할 수 있는 단계별 노하우를 알아보자.

직원의 불만이란 1에서부터 1,000까지의 수많은 이유를 갖고 있다. 연봉에서부터 미래 비전까지, 아주 구체적인 것에서부터 막연한 것에 이르기까지 그 스펙이 매우 넓다. 그 불평불만의 원인이 정확히 무엇인지 파악하는 것이 중요하다. 가장 큰 이유는 '성격'이다. 천성적으로 부정적인 사람과 긍정적인 사람이 있다. 두 번째는 개개인이 처한 상황이다. 연봉, 부서 안에서의 서열 문제, 업무적 자신감이 없는 것, 본인이 인정받지 못한다고 느끼는 것….

이런 구체적인 이유는 겉으로 잘 드러내지도 않을 뿐더러 본인도 모르고 있을 수 있다. 물론 연봉에 불만이 있다는 것을 알게 되었다고 해서 쉽게 해결해줄 수는 없다. 성격이 맞지 않는 동료나 부서협업 방식에 대한 불만이라면 얼마든지 조정 가능하다. 문제의 출발점을 아는 것이 해결의 시작이다.

◀)) 1단계, 도대체 불만이 무엇일까

늘 뚱한 표정으로 우물우물 들리지도 않게 대답하는 둥 마는 둥 하는 직원. 가지고 오는 결과물을 봐도 그저 그렇다. 최선을 다하고 있지 않기 때문이다. 성질 급한 상사라면 몇 번쯤 짜증도 내고 불호령도 떨어졌을 것이다. 그러나 그때뿐, 상황은 나아지지 않고 다시 주기적으로 반복된다. 감정의 골이 깊어지는 직원과 상사의 관계도 문제지만 팀 분위기가 나빠지고 있는 게 더 심각하다.

도대체 무엇이 불만인지를 확인하는 것이 필요하다. 불러다 놓고 "요즘 무슨 문제라도 있나? 계속 안 좋아 보이는데, 한번 얘기해보지"라고 말해서 되는 경우와 안 되는 경우는 사실 반반이다. 안 되는 50%는 막연한 상담의 자리보다는 개별 업무를 중심으로 얘기를 풀어가는 것이 낫다.

"이 건에 대해 당신의 생각은 어떤가?"라며 의견을 묻고 답하도록 하면 자연스레 본인의 판단이 나오게 되고, 그 과정에서 주체적인 입장정리가 가능해진다.

📢 2단계, 불만을 제안으로 승화시켜라

회사라는 조직에서 개인이 자신의 생각을 솔직하게 털어놓는다는 것은 어려운 일이다. 그 여파가 어떻게 돌아올지 모르고, 대부분은 안 좋은 결과를 직·간접적으로 경험했을 수도 있다. 그러나 불평이 많은 직원이라면 확률은 반반이다. 막상 대화 테이블을 펼치면 갑자기 수그러들어 전혀 커뮤니케이션이 안 되는 경우가 반, 그동안 쌓였던 불만을 오픈하는 경우가 반이다.

후자의 경우는 긍정적으로 이끌기가 한결 쉽다. 직원의 불평이란 크게 두 가지다. 원래 천성이 부정적인 경우, 그리고 업무에 관련해 본인의 시각과 판단과 다르게 돌아가는 것에 대한 불만. 그의 불만을 주체적인 의욕과 열정으로 바꿀 수 있다.

"제 생각에는 이 방법은 현실적으로 문제가 있습니다"라고 물꼬를 텄다면 적극적으로 그 입장을 듣도록 하라. 그리고 "듣고 보니 그렇군. 그러면 어떤 방법이 더 낫겠나? 좀 더 구체적으로 판을 짜볼 수 있겠나?"라고 유도한다. 불평을 듣기 싫어하지만 말고 잘 듣고 거를 것을 걸러내라는 얘기다.

📢 3단계, 속마음을 들어주는 상사가 되라

직원과 상사 간의 커뮤니케이션을 가로막는 가장 큰 장애는 권위도 능력의 유무도 아닌 '불신'이다. '내가 이 이야기를 했을 때 상사는 어떻게 받아들일까?'라는 의문. 혹시라도 자신에게 불이익으로 돌아오지 않을지에 대한 두려움이 솔직한 대화를 막고, 문제의 해결 대신 뒤에서 욕하고 불평하는 상황을 만드는 것이다.

직원과 자유로운 커뮤니케이션을 원한다면 적어도 직원이 내놓은 의견이나 방식에 대해 담백한 태도를 유지해야 한다. 앞에서는 고개를 끄덕이며, "그렇군, 그럴 수도 있겠네"라고 해놓고 뒤에 가서 "저 친구는 문제가 있어"라는 식으로 비난해서는 안 된다. 적어도 오픈한 이야기에 대해서는 그에 걸맞은 평가와 더불어 업무적 피드백을 주어야 '내가 실수한 것은 아닐까'라는 불안감을 떨칠 수 있다.

비관적인 성격의 소유자들일수록 본인의 시각과 사고가 맞다고 확신하는 성향이 있다. 또 자신 이외의 사람들은 자신보다 판단력이 떨어진다고 생각한다. 그러므로 개인적으로 술을 마시고 밥을 사는 방식보다는 업무적인 접근이 훨씬 빠른 효과를 가져온다.

📢 4단계, 기운을 북돋는 한마디를 던져라

일방적인 지시와 상명하복식의 커뮤니케이션 대신 스스로 동기부여를 하게 만드는 코칭이 유행한 까닭은 부드러운 카리스마에 대한 열망과 효과 때문. 불평분자들을 따로 불러 모아놓고 교육이라도 시키고 훈련을 통해 교정하고 싶겠지만 회사가 삼청교육대가 될 수는 없다.

불만을 토로한 직원은 다른 한편으로 불안감의 끈을 놓을 수 없을 것이다. 그런 그에게 "그런 생각은 당신이니까 가능한 거야"라든가 "그런 좋은 의견을 왜 얘기 안 하고 있었지? 지금이라도 구체화시켜서 진행해보는 게 나을 것 같은데"라는 상사의 대답은 큰 힘을 준다.

또 부정적인 태도의 직원이 즐거워 보이는 어떤 상황을 발견했다면 바로 칭찬하도록 한다. "뭐가 그렇게 즐거운가? 잘 되고 있나보지?"라고 관심을 보이도록 하라. 실제로 직원이 즐겁게 잘할 수 있는 업무를 찾아주는 것이 근본적인 해결책이기도 하다

📢 5단계, 도전하게 하라

불평불만이 많은 직원, 부정적인 직원은 소극적이고 자신에게 주어진 일에만 매달리는 경향이 있다. 그런 과정에서 상대적인 피해의식이 부정적인 반응을 만들어내는 것이다. 주체적이고 적극적인 마인드를 심어주는 것이 본인에게나 팀에게 도움이 된다. 업무 성과가 좋지 않을 때, 한바탕 깨버린다든가 무시하고 조용히 넘어가기보다는 대화를 거치는 것이 효과적이다.

"이번 건은 당신에게 잘 맞지 않았던 것 같은데, 이쪽 스타일보다는 저쪽 방식이 더 나았을까?"라고 '더 잘할 수 있는' 방식에 대한 고민을 함께 해주는 것이다. 업무지시를 할 때는 "이건 당신이 하는 게 가장 나아"라든가 "이쪽 경험은 자네밖에는 갖고 있지 않아서" 등 의욕을 고취시키고 책임의식을 가질 수 있는 표현으로 유도하도록 한다.

📢 6단계, 나쁜 행동을 내버려두지 마라

불평 많은 직원의 가장 큰 위험은 다른 사람을 음해하고 사실을 곡해하는 것이다. 열심히 일하고 있는 직원을 헐뜯거나 성과를 폄하하고 회사 일에 비관적이고 냉소적인 태도는 다른 직원들에게 악영향을 끼친다. 좋은 바이러스보다는 나쁜 바이러스가 빨리 퍼지는 법이다.

나쁜 행동을 보이거나 눈에 띄었을 때는 바로 지적하고 교정에 들어가야 한다. 무작정 깨는 것은 역효과다. 회사나 팀 일정에 약속한 시간을 잘 지키지 않으면 "클라이언트와의 약속은 잘 지키고 있는 건가?"라고 확인하도록 한다. 전화응대가 불친절하다든가 협업에 무성의할 때는 따로 불러서 상담해 본인이 문제를 인지하도록 해야 한다.

📢 7단계, 조직과의 관계를 인지시켜라

'나는 회사와 잘 맞지 않아', '이 회사는 정말 답답해'라는 사고가 불평불만을 낳는다. 그러다 보면 '나는 이 회사에서 있어도 그만, 없어도 그만인 존재'라고 생각하게 된다. 시간이 지날수록 조직에 대한 소속감이 약해지고 충성도 대신 냉소가 가득 차게 되면 안 된다.

"이 프로젝트에는 당신의 경력이 정말 중요해", "우리 회사에는 당신 같은 커리어가 꼭 필요하거든" 등 조직에서 나를 얼마나 필요로 하고 있는지를 각인시키는 것이 중요하다. 단지 "잘했어, 잘했어"라는 칭찬만으로는 냉소주의자들을 어르고 달래는 데 한계가 있다.

Chapter 5

지금 내 말이 먹히고 있는 건가

• 컨트롤 안 되는 후배 유형별 대처법 •

회사에서 만나는 선후배 관계는 한계가 있다고 쿨하게 생각하고 거기서 끝낼 수 있는가? 아니면 위로 쪼이고 아래로 눈치 보는 샌드위치 같은 회사생활이 답답한가? 후배들 눈치를 보며 맞춰주지도 무시하지도 못하고 있지는 않은가? 자신이 후배였던 시절을 미화하고 과거를 그리워 하고 있지는 않은가? 더 이상 못난 선배로 살기 싫다면, 선배다운 선배로 살고 싶다면 말 안 듣는 후배들을 유형별로 파악해 접근해보자.

M 사의 배 과장이 같은 팀 후배를 따로 불렀다. 유관 부서에서 "○○○ 씨는 우리 부서와 일하기 힘들어 하는 것 같은데 업무를 조정해주든가 해야 하지 않을까?"라는 조언 비슷한 컴플레인을 받았기 때문이다.

"본인이 감정적으로 받아들이지 않도록 잘 말해서 해결해야지"라고 마음먹고 얘기를 꺼내자 후배는 "그쪽에서도 저한테 친절하지 않은데요?"라고 받는다.

이러면 답이 없다. 직장생활의 기초부터 자분자분 설명해가며 타이르자니 노땅 티를 내는 것 같고 '내가 이럴 자격이 있나' 싶은 생각도 든다. 뭣보다도 본인이 받아들일 마음의 자세가 되어 있지도 않은 것 같고, '선배랍시고 가르치려 든다'고 생각할지도 모른다. 결국 마음을 접고 만다.

직장인이 사표를 던지는 결정적 계기 중 두 번째가 인간관계다. 가족보다 오랜 시간을 얼굴 맞대고 사는 직장에서 누구 한 명 신경에 거슬리기 시작하면 그만큼 괴로운 것도 없다. 특히 대리나 과장급의 '낀' 직책은 위로는 결정권자가, 아래로는 세대차·입장차 내세우는 후배들로 골머리를 앓는다.

후배는 선배를 고르고 평가한 뒤 각각의 상황에 맞게 대응하고 있다. 선배들은 그런 후배들의 눈치를 보면서 맞춰주지도 무시하지도 못하고 있다. 예전에 '내가 그 연차였을 때는 선배들 말이라면 껌뻑 죽고, 싫어도 내색 안 하고, 웬만하면 맞추고 살았더랬다'라며 어쩐지 그 시절 자신을 괴롭히던 선배들이 그립고 고마운 마음도 든다.

그렇다고 후배들을 모시고 살 수도, '너는 너, 나는 나'로 쿨하게 지낼 수도 없다. 조직은 인간군집의 유기적이고 화학적인 결합체다. '진상 선배'로 찍혀 뒤에서 욕먹기 싫어 늘 좋은 얼굴로 좋은 말만 하고 사는 것도 고달픈 일이다. '우리 때는 안 그랬는데…' 하는 미련은 버려라. 달라진 세상을 받아들이고 현실적인 대처법을 찾아라. 그게 스마트한 직장생활이다.

🔊 마이 페이스대로 밀고 나가는 고집 형
-책임감을 부추기며 격려하라

　미안한 말이지만 O형 성격을 가진 사람들 중에 많다. 자신의 방식대로 체계를 세워 일을 추진해나가는 스타일. 중간에 관여하거나 점검하려 들면 자신을 의심한다고 생각하고 불쾌해 하기도 한다. 결과물이 잘못 나오면 본인이 가장 괴로워 하면서도 원인이나 과정에 대한 다른 사람의 지적은 받아들이지 않는다.

　이런 경우 반성을 통한 자기검열은 기대할 수 없다. 대신 "이런 건 당신 정도면 쉽게 할 수 있잖아?", "이번 건은 당신 아니면 믿고 맡길 사람이 없어" 등 책임감을 북돋는 격려를 아끼지 말아야 한다. 과정에 개입하고 싶다면 과정을 칭찬하면 된다. 부정적인 멘트 대신 긍정적인 멘트를 써야 하는 대표적인 유형이기도 하다.

🔊 감정기복이 심한 돌출 형
-인간적으로 배려하는 모습을 보여라

　천방지축 제멋대로 형으로 보이기도 한다. 대체로 알고 보면 마음도 약하고 좋은 사람일 경우가 많은데 함께 일하는 사이나 팀원으로 존재할 경우 다른 사람을 짜증나게 하는 유형이다. 잘못이나 실수를 저지를 확률이 높은데 강압적으로 대하면 패닉 상태에 빠질 수 있다.

　야단을 치거나 지적을 할 때는 인간적이고 감성적으로 접근해 표현하면 효과적이다. "요즘 무슨 일 있나? 집중을 못하고 있는 것 같은데", "그 부서와 일하기가 많이 까다롭지?"라는 식이다.

감정기복이 심한 성격은 역으로 금방 순화되고 상황을 반성적으로 받아들이기 때문에 배려하고 걱정하는 멘트를 들으면 곧 자신의 실수에 대한 미안함을 바로 복구하려고 든다. 이럴 때 격려하고 놓치기 쉬운 부분을 바로 잡아주면 쉽게 받아들여 효과적이다.

자의식이 강한 민감 형 －존재감과 신뢰를 확인시켜라

한 번 마음을 주면 어지간한 일에도 굴하지 않고 여유 있게 받아들이지만 자신과 다르다는 판단이 들면 역시 웬만해서는 마음의 문을 열지 않는 스타일. 대체로 머리도 좋고 일도 잘하는 경우가 많지만 '4차원'의 의식구조를 가지고 있기도 하다. 커뮤니케이션이 풀리지 않으면 주변 사람들과 트러블도 잦고 윗사람들을 짜증나게 만들기도 한다.

기본적으로 선의의 자의식이라는 전제 하에, 일적으로나 인간적으로 '너는 중요한 사람이고 이 일을 너만의 방식으로 잘 처리할 수 있기를 기대한다'는 메시지를 전달하는 것이 중요하다. 그러면 상대는 에너지를 얻고 자신이 가지고 있는 4차원의 힘을 북돋워 일을 해낸다. 또 그렇게 격려한 선배에 대해 인간적인 신뢰를 쌓아가게 되는 것이다.

이 유형 중에는 게으름뱅이가 많은데 커뮤니케이션으로도 극복되지 않으니 조심할 것.

📢 똑똑하다 보니 너무 앞서는 형
—디테일한 부분을 가이드하라

정말 똑똑한 사람도 나대는 모습은 과히 보기 좋지 않은 법이다. 자신이 아는 것이 전부고 남들은 모를 것이라는 착각이 앞뒤 안 가리고 앞서나가 다른 사람들을 황당하게 만드는 경우. 보통 이런 유형들이 선배나 윗사람들을 평가하고 자기 나름대로 분석하고 단정 짓곤 한다. 가까운 사이라면 세상이 다 자기 마음 같지 않다는 것, 눈에 보이는 것이 전부가 아니라는 것, 어떤 현상에는 모두 원인과 이유가 존재한다는 것을 지속적으로 타일러서라도 깨우쳐주면 좋다.

좀 더 거리가 있는 관계라면 어설픈 교훈과 설교는 부작용을 불러일으킬 수 있다. 디테일한 실무를 조언해주면 자신이 놓칠 뻔한 것을 도와주는 고마운 선배로 인식한다. 늘 자신이 옳고 현명하다고 믿기 때문에 조금만 살펴보면 허점이 눈에 띄기도 쉽다.

📢 요리조리 요령 부리는 여우 형
—명확한 팩트 중심으로 대하라

누구한테는 여기까지만, 누구한테는 이만큼까지만, 딱 정해놓고 거리를 둬가며 대한다. 본인은 그것이 현명한 직장생활의 노하우를 실천하고 있는 것이라 믿지만 선배나 상사의 눈에는 그렇지 않다.

여우 형은 다른 사람에게는 피해를 주지 않는다. 그것이 본인이 스스로 생각하는 최대 무기이자 강점. 대신 필요 이상의 성과나 노력은 스스로 제거한다. 가르치려 들면 이 사람에게는 고분고분 '네~ 네~'라고 답하고 저 사람한테는 "그건 잘못 알고 하시는 말씀 같은데요"라면서 자분자분 대들기도 한다.

어지간한 내공으로는 본전도 못 찾을 확률이 높다. 사실 위주로 대하는 것이 상책. 성과 목표를 조금 높여 잡는 것도 한 방법이다. 물론 컴플레인할 경우를 대비해 적절한 근거와 명문은 있어야 한다.

📣 남이야 어찌 되든 상관없는 무신경 형 —의견을 묻고 적극적으로 수용하라

도대체 무슨 생각을 하는 건지 도무지 속을 알 수 없는 경우라면 단지 과묵하고 감정 표현이나 자신의 의사 개진에 소극적인 것이다. 그러나 도가 지나쳐 남이야 어떻게 되든 세상이 어떻게 돌아가든 무신경한 사람은 원활한 조직 커뮤니케이션에 도움이 되지 않는다.

양쪽 다 각자 역할을 가질 수 있도록 돕는 액션이 필요하다. 그러나 경망스럽게 팔을 잡아끄는 방식으로는 역효과. 진지하게 의견을 묻고 적극적인 수용을 반복하라. 스스로 먼저 자신의 역할을 인지·확인해야 다른 사람들과의 관계도 자연스러워지는 유형이다.

스스로 어른스럽다고 생각하는 경향도 있으므로 지나친 친근감의 표시보다는 존중하는 어법을 사용하도록 한다.

라이벌 또는 훼방꾼, 그리고 운명의 파트너

• 동료 편 •

맥 빠지고, 짜증나고, 보람 없다

• 같이 일하기 싫은 동료, 어떻게 해야 할까 •

어떤 사람과 일을 하면 에너지가 솟고 힘든 줄을 모르는가 하면, 어떤 사람과는 시작도 하기 싫고 하는 내내 툭탁툭탁 소음이 잦다. 결과물도 마찬가지다. 능력이 있고 없고, 코드가 맞고 안 맞고의 차이가 아니라 일에 대한 패턴과 유형의 문제다. 직장은 학교가 아니다. 누가 가르쳐주고 교정해주지 않는다고 해서 자신에게 아무 문제 없다고 생각 하는 건 아닌가? 스스로 터득하고 깨쳐나가는 자가 최후의 승자다. 다음의 유형 중 혹 시 가슴 찔리는 타입에 해당되지는 않는가?

"그러니까, 내가 해봐서 아는데"
―잘난 척, 아는 척 빼놓으면 섭섭한 숟가락 형

걸핏하면 아는 체다. 다 해봤다. 논의하자고 모이면 자기 잘난 척부 터 시작이고, 그 이야기 들어주다 아까운 시간만 허비한다. 처음 시작 이 뭔가 그럴듯하다든지 어느 정도 결과가 나오려고 하면 냉큼 숟가 락 갖다 얹는 스타일. 당연히 사람들이 싫어할 수밖에 없다. 그러나 본인은 다른 사람이 싫어한다는 생각 자체를 하지 못한다. 또는 그런 것쯤 무시해야 한다고 쿨하게 생각한다. 한마디로 구제불능.

대화를 할 때 사람들의 반응이 없고 호응이나 대꾸가 없이 계속 듣고만 있는 것 같다는 느낌이 들면 본인이 숟가락형이 아닌지 의심해봐야 한다. 그렇다는 생각이 들면 일단 얘기를 하기 전 호흡을 한 번 가다듬고 앞으로 할 말이 자신의 이야기라면 일단 접어두는 버릇을 길러라. 주어를 '나'로 하지 말거나 아예 생략하고 "그건 이런 것 같던데요"라고 말꼬리를 흐리고 바로 내용으로 돌입하는 버릇을 길러라.

숟가락 형 대처법은? 그냥 대꾸 안 하고 다른 얘기로 넘어가라. 두 번 세 번 반복하면 본인도 인지하게 된다. 현장 지적법은 자칫 싸움과 오해를 불러일으킬 수 있으니 비추.

"그랬나? 언제 그랬지?"
- 걸핏하면 까먹는 까마귀 형

문제는 그렇게 까먹은 일 때문에 다른 사람이나 팀이 덤터기를 쓰는 것이다. 까먹는 것 자체는 있을 수 있고 의도적인 게 아니지만 교정이 안 되는 것은 문제다. 긴장을 하고 스스로 고쳐야겠다는 의지가 없다는 뜻이기 때문이다. 대부분 사람들은 짜증이 나도 내색을 안 하거나 그냥 웃고 말 것이다. 가끔 성격 급한 사람들이 잔소리를 해댈 뿐이라는 건 본인 생각이다. 현실은 아주 많은 사람들이 당신에게 짜증나고 미덥지 못하며 프로의식이 약한 사람이라 여기고 있다.

까마귀 형은 본인 스스로 잘 알고 있다. 자신이 까마귀인 것을 남들이 보완해줄 것이라 믿는 것이 잘못이다. 무조건 메모하고 적고 점검하며 실행에 옮기고 확인하라. 어느 날 갑자기 까마귀의 공격에 짜증 나고 싶지 않은 주변인들은 미리 체크해두는 것도 좋다.

"아무개 씨 그거 내일까지인 거 알고 있죠?"

단, 예민한 까마귀는 짜증을 낼 수도 있으니 조심. 억지를 쓰고 우기는 까마귀는 문제다. 그런 까마귀와는 아예 관계를 맺지 않거나 단발로 끝내는 게 최우선이다.

"다 내 덕분인 줄 알아"
―생색 안 내고는 못 배기는 나잘난 형

이런 경우가 가장 비호감이고 주변에 사람이 없다. 적당한 '뻥'과 '구라'는 인간관계에 재미를 주지만 심한 경우 진실을 왜곡하고 호도한다. 나중에 건너서라도 "누가 그랬다던데"라고 돌고 돌아 얘기를 듣게 되면 당사자 입장에서는 짜증이 나지 않을 수 없다.

문제는 본인은 전혀 자각하지 못한다는 점이다. 이럴 때는 지인의 도움을 청한다. 그와 가깝고 친한 사람에게 넌지시 얘기하라. 평가는 위험하다. 팩트를 갖고 말해야 한다.

"지난 번 A에 대해 B가 한 얘기를 들었는데 A가 몹시 기분 나빠하더라고. B에게 알려주고 다음에 A에게 사과하든가 조심하라고 하는 게 좋지 않을까?"

두세 개 팩트를 묶어서 조언하는 방법도 좋다. 조언을 전하는 사람이 인격적이고 품성이 좋은 캐릭터라면 더 효과적이다. 물론 천성이기 때문에 하루아침에 달라지기는 힘들다. 그날이 오기까지는 관계를 맺지 않는 것이 정신건강에 좋다. 어쩔 수 없는 경우라면 가급적 얕고 짧게.

💬 "걔는 꼭 그러더라" —뒤에서 흠 잡는 뒷담화 형

조직에 가장 많고 가장 적이 되는 유형이다. 앞에서 불평하고 트집 잡는 경우라면 오히려 담백하고 심플할 수 있지만 뒤에서 욕하는 스타일의 대부분은 앞에서 부드럽고 상냥한 성격이 많기 때문이다.

누군가 억지스럽고 무리한 일을 벌인다. 다들 마음속으로 불만인데 "어머, 괜찮은 것 같아요!"라면서 분위기를 부추긴다. 일을 벌이는 입장에서는 기운을 얻는다. 한껏 부추겨 놓고는 뒤에서 비웃고 욕한다. 그럼 누군가 아깐 왜 부추겼냐고 하면 "그럼 말린다고 되니?"라며 발뺌한다. 이 화살은 나중에 다른 사람에게, 또 당신에게도 돌아올 수 있다.

이런 종류의 뒷담화 형은 무리 지어 다니는 습성이 있다. 혼자서는 불안해하는 경우가 많다. 일단 함께 '놀아주지' 않는 게 좋다. 뒷담화 형이 권력을 잡기란 어렵고 설령 일시적으로 잡는다 하더라도 오래가지는 못하므로 조직관계에서 걱정할 필요는 없다. 단, 그의 눈에 띄지 않을 필요는 있다. 그 앞에서는 나서지도 말고 최대한 과묵하도록. 맞서 상대하지도 마라. 그냥 고개를 끄덕이고 수긍하는 액션만 취하라. 결정적인 순간만 독립적으로 행동하면 된다.

유비나 한신을 따라하는 것 같지만 사실은 무능력자가 많다. '이래도 흥~ 저래도 흥~' 하며 사람 좋은 척 하지만 사실은 눈치가 100단이다. 어느 한 쪽 노선을 선택하는 것이 가져올 리스크를 미리 조심하는 고단수라는 얘기다. 이런 유형이 먹히는 타입은 신입이나 젊은 여성 또는 거리가 먼 부서들. 멘토로 삼고 싶어 찾아가 상담과 조언을 구하지만 결국은 그의 눈치 판단의 재료를 공급해준 것일 뿐, 어떤 해결의 힌트도 얻을 수 없다는 것을 한두 번 경험한 뒤에는 다시 찾지 않게 된다.

안 좋은 상황에서는 그런 상담의 사례가 악용되기도 한다. 특히 의욕충만한 사람들이 이 너구리의 덫에 걸려드는 경우가 잦다. 개인적인 정보도 좋지 않지만 부서나 인간관계에 얽힌 일을 알리지 않도록 한다. 미안하지만 나중에 악용당할 우려도 있으므로 불가근불가원(不可近不可遠)의 관계를 유지하는 것이 가장 좋다. 믿으면 실망하게 되기 때문이다.

중요한 이슈가 있어서 공유하고자 하면 '그런 건 내 알바 아니고 나는 일만 할래'라는 식으로 정보제공자를 무색하게 만드는 유형. 그렇다고 해서 이런 타입들이 일 위주의 프로페셔널한 사람들은 아니다. 대부분 귀 막고 눈 닫은 채 책상에 머리 박고 있는 타입.

사내 네트워크도 약하고 응급 시에도 별다른 힘이 없다. 변화를 싫어하고 안전이 우선인 탓에 새로운 시도나 방식에 소극적이고 귀찮아하는 경향이 있다.

결과에서 뒤처지는 경우도 많다. 일적으로 뭔가를 보여줘야 하는 경우는 좋은 파트너는 아니다. 꼭 함께 해야 한다면 그가 안심할 수 있도록 위험요소는 직접 챙겨라. 그가 안심하지 못하면 판을 뒤집거나 거꾸로 갈 수 있는 여지가 있기 때문이다.

인간적으로 나쁜 타입은 아닌 경우가 많다. 그러나 남에게 피해는 안 주지만 도움도 안 된다. 상사나 선배라면 믿고 따르기에는 불안한 타입이다. 본인이 이런 타입이라는 생각이 들면 우선 자신의 인간관계를 돌이켜보라. 늘 만나던 사람, 늘 얘기하던 사람하고만 소통하고 있는 것은 아닌지. 우선 관계의 범위를 양적으로 넓혀 놓는 것부터 시작하면 효과적이다.

꼭 이렇게 잘났다고, 남들은 몰라서 그러는 줄 알고 나서는 타입이 있다. 불평불만이 샤프한 현실감각인 것으로 착각하기 때문이다. 물론 남들이 모르는 것을 알고 있을 때도 있겠지만 "그건 몰라서 하는 말씀" 운운하면 내용과 상관없이 듣는 사람은 기분 나빠지기 마련.

이런 유형에게는 발언권을 주지 않는 게 상책이다. 발언권을 주지 않아도 나대는 경우라면 지나치게 그쪽으로 의견이나 분위기가 몰려가지 않도록 중재를 하면 좋다. 그러나 중재를 받아들이지 않거나 컨트롤이 어려우면 대부분 사람들은 포기하고 싶어진다. 그런 경우면 차라리 그 혼자 독자적으로 진행 가능한 별도의 임무와 책임을 맡겨라.

"그러면 그 건은 ○○○ 씨가 맡아서 알아봐주시고, 이후 결과에 반영하겠습니다."

무책임하게 말만 앞서는 사람이라면 이 부분에서 냉큼 발을 빼거나 책임지기 싫어서라도 '앗, 뜨거워라' 하고 말을 바꾸게 될 것이다. 만일 자신이 그런 상황이라면? 말로 천 냥 빚 지지 말자. 말은 입 밖으로 내기 전 한 번 더 곱씹어라. 눈 두 개, 코 두 개, 귀 두 개인데 입이 하나인 이유도 마찬가지다.

Chapter 2

팀워크를 해치는 동료,
어떻게 해야 할까

• 맞들어야 하는 백짓장, 찢으려 드는 팀원 •

좋은 팀워크의 시너지 효과는 아무리 강조해도 모자란다. 그러나 천성적으로 팀플레이에 적합하지 않은 성격의 소유자가 있다. 평소에는 드러나지 않다가 팀 인력에 변화가 있을 때 팀워크가 흔들리거나 위기에 처하는 일이 발생하기도 한다. 모든 것을 해결해준다는 시간의 힘을 빌렸다가는 오히려 더 나쁜 결과를 초래하게 될지도 모른다.

CASE1

팀의 인력보강 차원에서 새로 영입된 A는 관련 분야에서 탄탄히 경력을 쌓은 엘리트다. 그러나 신입 시절부터 이 팀에서 잔뼈가 굵은 동년배 B의 심기는 불편했다. 자신을 밀어내려는 경쟁관계도 아니고 업무도 분리돼 있었지만, 어쩐지 꼴 보기 싫다. B는 팀 업무에 냉소적이되었고 팀원들에게도 시큰둥한 태도로 대했다. A를 예뻐하는 팀장에게는 불만이 쌓여가고 있다.

CASE2

출산휴가를 마치고 복귀한 C 때문에 D 과장은 요즘 골머리다. 그녀가 없는 3개월 동안 C의 후배들은 말 그대로 분골쇄신하며 C가 없는 빈자리를 채우려 노력했다. 그러다 보니 어려울 때 함께 고생한 사이가 오래간다고, 인원은 부족했지만 팀 분위기는 화목했다.

그러나 C가 복귀한 다음부터 팀 분위기가 이전 같지 않았다. 개인적인 성향이 강한 C는 팀의 수석이었다. 자기 할 일만 마치면 집에 돌아가고, 공과 사를 딱 부러지게 구분하는 그야말로 '쿨'한 업무스타일. 저녁 회식은 물론 야근이나 주말 근무, 하다못해 팀원의 경조사조차 똑 부러지게 거부하는 그녀. 틀린 말은 하나도 없지만 이건 아니지.

자연히 후배들은 그런 그녀의 눈치를 보게 되고, 힘들어도 활기차게 돌아가던 팀 분위기는 요새 점점 사그라지고 있다.

CASE3

점심시간. 오늘도 Y는 점심 약속이 있다며 먼저 자리에서 일어났다. 부서를 옮긴 지 반년이 다 되어가는데도 이전에 자신이 있던 팀과 사이가 너무 좋은 건지, 지금의 팀에 적응이 안 되는 건지, 보통은 팀원들이 함께 하는 점심식사를 대부분 이전 팀원들과 하고 있다.

김 과장은 짜증이 났다. 개인적인 약속을 뭐라고 할 수는 없지만 단지 '개인적인 약속'이라서가 아니고 '이 친구는 과연 이 팀에 잘 적응하고 있는 것인가?' 하는 의문을 가질 수밖에 없다.

여럿이 함께 모여 일을 하는 팀이, 그것도 조직 안에서, 군대도 아닌데 일사불란하게 착착 각 맞춰 움직일 것을 기대하는 것은 어리석은 일이다. 각자의 개성이 있고 생각과 스타일의 차이가 있으며 그러한 다양성을 인정할수록 유연한 조직의 시너지를 기대할 수 있다.

그러나 정도라는 게 존재한다. 예전처럼 수직적인 연공서열의 제도가 아닌 상황에서 조금이라도 마음을 닫고 비뚤어지게 생각하고 행동하는 팀원이 있다면 문제는 심각하다.

아래로부터는 교육이 되지 않고 위로부터는 책임감을 상실하게 되는 것이다. 그리고 시너지는커녕 1+1=-2가 되는 어처구니없는 결과를 낳게 될 수도 있다. 세상 어지간한 일은 시간이 해결해주지만, 팀워크를 해치는 문제만은 시간이 지날수록 커지는 화농과 같다. 터지면 뒤처리가 고약하기까지 하다. 결국은 사람이고 관계 문제다.

💬 인간적으로 다가가 확인시켜라

팀워크에 무심하거나 엇나가는 사람은 자신이 팀에 쓸모없는 존재이거나 비중이 약하다고 생각하는 경우가 많다. 또는 팀워크의 중요성에 대한 인식이 약해서다. 어느 쪽이든 설명과 이해는 필요하다. 선배나 상사의 입장이라면 정공법으로 접근하는 것이 기본이다.

원래 그런 성격이라면 이러저러한 상황들을 예로 들어가며 팀플레이에 대한 중요성을 각인시킨다. 최근의 변화 요소로 인한 불만이 쌓인 경우라면, 현재의 상황을 객관적으로 이해시키고 자신으로 인한 팀의 마이너스 요소를 알리도록 한다.

💬 가르치거나 비난하지 마라

알려주는 것은 필요하지만 가르치거나 비난하는 것은 오히려 역효과를 초래할 수 있다. 우선 본인의 생각이나 입장을 최대한 들어주고, 본인이 생각하는 이상으로 팀에게 중요한 비중을 차지하고 있다는 사실을 확인시키도록 한다. 이러한 대화의 과정 자체가 상대에게 위로가 될 수 있어야 한다. 교과서적인 얘기로 가르치려 들거나 잘못을 지적하면 비뚤어진 생각이 고착화되기 쉽다. 또 선배나 상사에 대한 원망이 쌓여가는 상황이라면 더 좋지 않다. 어리광이든 오해든 일단 끝까지 들어주라.

💬 지원과 배려를 베풀어라

업무에 관련해 상대적 박탈감을 느끼는 경우에는 특히 세심하게 배려하고 보이는 듯 마는 듯 지원해주도록 한다. 의욕을 잃은 팀원은 자신이 팀의 부속물에 불과하다고 느끼게 된다. 업무적으로 자신감을 잃게 되는 것이다. 자연스럽게 필요한 것을 살펴 도움을 주면 자신이 배려받는 것을 느끼고 점차 마음을 열며 자존감을 회복할 수 있게 된다.

단, 나이나 연차가 높은 경우에는 눈에 띄지 않고 돕는 스킬이 필요하다. 또 단기적인 성과를 기준으로 하지는 말아야 한다.

💬 의견을 묻고 조언을 구하라

소통, 즉 커뮤니케이션을 원활하게 하는 가장 빠른 길은 '묻기'다. 의견을 묻고 조언을 구하는 것이다. 물론 그렇게 듣게 되는 답의 대부분이 쓸모없는 것이라 하더라도 의논을 하는 그 자체에 의미가 있다. 조언을 구하는 과정에서 상대적인 박탈감 등이 완화될 수 있다.

상대 역시 조언을 위해서 대화하는 은연중에 팀이 처한 현실이나 입장에 대해 이해하게 된다. 또 이런 커뮤니케이션 과정은 상호 간에 신뢰를 쌓는 데도 도움이 된다.

💬 중요한 안건은 미리 의논을 해두라

부서나 업무에 관해 팀에서 결정하고 협의해야 할 중요한 사항은 사전에 따로 협의해 두도록 한다.

"이번에 이러저러한 건을 회의를 통해 결정해야 하는데, ○○ 씨 생각은 어때? 나는 이러이러했으면 하는 생각인데 회사에서는 저러저러한 입장이거든…."

이런 식으로 중요한 안건에 대해 사전 협의를 해두면 의사결정 과정에 자신이 중요한 존재라는 사실을 인식하게 된다. 또 팀의 의사결정에 중심적으로 생각할 수밖에 없게 된다.

💬 책임감 있는 일을 맡기고 도움을 얻게 하라

성격이 비뚤어진 사람에 대해서는 신뢰가 가지 않기 때문에 점점 업무적으로도 외곽으로 밀려나가게 되기 쉬운데, 협업이 필요한 일을 맡기고 다른 사람의 도움을 통해 일이 완성될 수 있도록 한다. 이 과정을 통해 팀워크의 중요성에 대해 각인할 수 있다.

그럼에도 불구하고 계속 엇나가는 경우도 있다. 때로는 강제도 필요하다. 팀워크에 대한 인식을 바로잡고 고과 등 물리적인 방법으로 경고하도록 해야 한다. 팀워크의 활성화를 위해서는 문제가 되는 사람을 교정하는 것도 필요하지만 나머지 팀원들의 사기와 의욕을 북돋우는 것이 더 중요하기 때문이다.

💬 인내심만이 답이다

결국 포기할 수 없는 것이 인간관계다. 고과, 구조조정 등의 계기로 인원을 정리했다고 하더라도 팀장이나 상사 입장에서는 리스크다.

시간이 오래 걸리더라도 인내를 통해 지속적으로 배려하고 지원하며 설득하고 교정하도록 하는 것이 최선이다. 시간이 해결하도록 내버려둘 수는 없지만 인내를 가지고 노력하는 시간이 흐르다 보면 결과물이 나오게 되는 것이다.

Chapter 3

존재 자체가 스트레스

● 잘난 척하는 동료, 티 안 나면서 확실하게 제압하는 법 ●

여럿이 힘을 합해 진행한 건에 대해 상사 앞에서 자기가 다한 양 나댄다. 회의 안건에 대해 모두 심사숙고하고 있는 동안 입바른 소리로 하나마나한 말을 던지며 침묵하고 있는 다수를 바보로 만든다. 이런 유형의 가장 큰 문제는 그런 자신을 남들은 모를 것이라고 생각하는 데 있다.

공자는 세 명 이상 모이면 그 안에 반드시 스승이 있다고 했지만, 현실에서는 스승보다는 '잘난 이'가 있다. 참고 넘어가자니 사사건건 눈에 거슬리고 내 공과 여럿의 노력을 가로채는 것 같고 하루에도 몇 번씩 속이 답답해져온다.

회사 싫은 건 참아도 사람 싫은 것 못 참는다던데, 시간이 지나도 나아지기는커녕 짜증만 커져간다. 어떻게 하면 좋을까?

세상 모든 일에는 배경이 있다. 큰 그림을 보면 세부가 이해되듯이 '그 사람이 왜 그래야만 하는지?'를 생각해보라. 직속상사에게 잘 보이고자, 여기 아니면 갈 데가 없어서, 지난번 부서에서 받은 트라우마 때문에, 라이벌에 대한 복수심….

우리는 흔히 어떤 현상에 대해 그 정황만을 보고 분노하거나 괴로워하곤 한다. 그러나 조직과 조직 내 인간은 한 가지 이유로 행동하지 않는다. 어떤 현상에는 반드시 배경이 있다. 직접적인 관련이 없더라도 그 배경을 알면 적어도 마음은 편해진다. 주변에게 피해를 주는 대부분은 스스로 궁지에 몰린 경우가 많기 때문이다.

그 정황을 알고 나면 '측은지심'이 생기고, 때로는 그렇게 해도 소용없는 차가운 현실의 벽도 보이게 되어 '저 사람이 저렇게 할 수밖에 없는 이유'를 알게 된다. 상대의 이상행동은 나와 동료를 향한 것이 아니라 자기보호를 위한 방편이기 때문이다. 적어도 당신을 '얕잡아 봐서'는 아닌 것이다.

💬 나만 느끼는 것이 아니다

인간관계에 가장 답답한 것이, '나만 이렇게 느끼는 것인가?'다. 그런데 주변사람들도 나와 똑같이 느끼고 있다면 '그렇지, 내가 예민한 게 아니었어'라고 위안하며 마음이 편해진다.

세상은 공평하고도 무섭다. '내 눈에 이상하게 보이는 것은 남들 눈에도 이상하게 보이는 것'이다. 당신의 조직이 정상적으로 돌아가고 있다면 그 사람의 문제를 이미 회사나 상사는 알고 있으며 당신과 똑같이 느끼고 있을 확률이 높다.

문제는 '상사나 회사는 모르고 있는' 것 같을 때. 야비하고 비열한 캐릭터가 상사로부터 예쁨을 받고 진급도 하고 얍삽한 방법으로 인정받고 있는 것 같은 때다.

반은 인정하고 반은 남겨두자. 실제로 윗사람은 입 속의 혀처럼 구는 사람이 편하다. 그가 동료들이나 후배들로부터 미움을 받는다는 것도 대충은 알고 있지만, 자신이 편한 게 더 중요하다.

잔 다르크처럼 상사에게 직언을 고하고야 마는 캐릭터도 있다. 그러나 상사는 팩트를 팩트로 듣지 않는다. '나한테 잘하는 ○○가 못마땅하다는 건가?'라고 생각한다. 만일 나머지 팀원들이 그다지 상사의 마음에 들지 않는다면 상황은 더 악화된다. '역시 너희들은 그게 문제야'라는 생각에 그칠 수도 있고, 자칫하면 귀로 들어 확인하게 될 수도 있다.

💬 사회는 정글, 기회를 포착하면 놓치지 마라

참는 게 능사는 아니다. 참으면 병이 된다. 그냥 좋게 넘어가서 해결이 되면 가장 좋지만 '나쁜' 인간의 대부분은 더욱 둔감하고 쉽게 생각한다.

대신 싸움과 시비는 금물. 잘난 이들은 대체로 언변이 좋고 어떤 상황도 자신에게 유리하게 해석하고 웅변하는 데 달인이다. 팩트가 중요하다. 약속한 시간을 제대로 지키지 않는 것, 부실한 서류 처리, 숫자가 틀린 것 등 명확한 팩트를 찾는다. 그리고 몇 가지를 모은다. 개별적으로 공격하면 당신이 쪼잔한 인간이 된다.

그리고 그런 실수와 오류의 패턴을 찾으면 더욱 좋다. "○○ 씨는 기본적으로 시간관념이 없어요. 지난번의 경우에도", "○○ 씨는 서류 업무를 좀 더 충실하게 해줬으면 좋겠어요. ○○ 씨 때문에 지난주에도 총무부가 며칠씩 야근을 하고" 등이다.

패턴화시키기 어렵다면 함정 파기도 괜찮다. 그의 업무를 대신 해주는 것이다. 그는 고마워할 것이고 당신은 생색을 낼 수 있다. 그리고 몇 번 사례를 모은 다음 결정적인 때 그가 '해야 할 일을 제대로 하지 않아 다른 사람이 대신 처리했어야 하는' 일로 반전시키는 것이다. 비겁하다고 생각하는가? 그럼 계속 참고 당하고 살든지.

참는 자에게는 복 대신 평판이 확실히 온다

세상이 묘한 것이, 주변사람이나 팀원들이 번번이 당하고도 묵묵히 참고 있다면 결국은 드러나게 된다. 문제적 인간은 다른 곳에서도 문제를 일으키기 때문이다. 그리고 그런 것이 평판이다. 이 부서, 이 팀 안에서는 아무리 재주 좋게 윗사람의 눈을 피해 지낸다 하더라도 조직 전체에서는 어렵다.

실제로 그가 문제적 인간이라면 문제적 존재를 방치한 상사도 팀 관리의 허점을 드러낸 것이 된다. '부장 이상은 다 계약직'이라는 농담이 더 이상 농담이 아닌 지금 세상에 그 정도 관리의 허술함은 오래가지 못한다.

결국은 어느 순간 'ㅇㅇ 씨는 문제'라는 인식이 퍼지게 된다. 그리고 주변사람들은 그런 리스크를 묵묵히 감수하고 잘 참은 좋은 동료로 평가받게 되는 것이다. 물론 이 단계에 오르기까지 사리가 한 말 정도씩 몸에 쌓였겠지만.

Chapter 4

욕 먹어도 당당하라

• 잘나가는 직장인이라면 당연히 해야 할 일들 •

아이돌 그룹 출신 가수 O 양은 노래도 잘하고 언변도 좋지만 안티들의 돌팔매질을 멈추지 못한 채 십수 년째 고생 중이다. 잘해도 욕먹고 못해도 욕먹는다. 그렇다고 연예인 생활을 중단할 수는 없는 일. 공인이라서 어쩔 수 없고, 남다르다 보면 튀게 되고 튀다 보면 비난의 표적이 되는 게 세상이다. 직장생활도 마찬가지. 어딜 가나 욕먹는 사람들이 나오기 마련인데, 대체로 심하게 일 못하고 남에게 피해를 끼쳐서 욕을 먹는 경우와, 나 잘났다고 나서서 안하무인인 것이 눈꼴시어서인 경우, 두 가지다.

방송 애기를 좀 더 하자면, '인간성 좋고 일 못하는 사람과 인간성 나쁘고 일 잘하는 사람 중 누구를 동료(또는 상사)로 선택하겠는가'라는 설문이나 투표를 토크쇼 등에서 종종 보게 된다. 의견이 분분하지만 대체로 결과는 '인간성 나빠도 일 잘하는 사람'이다. 20년 넘게 언론에 몸담고 연예계에서 재계·정계를 드나들며 산전수전 다 겪은 모 원로께서는 "인간성이 좋은 사람은 일을 잘할 수가 없어"라고 단언하기도 하였다.

물론 능력이 뛰어난 사람이 다른 사람들과 인화(人和)가 잘 되고 인격적으로도 존경받을 수 있다면 금상첨화겠지만 세상에 그럴 수 있는 경우가 얼마나 될 것인가?

자, 그러면 어찌할 것인가? 다른 사람의 이목이 두려워, 튀는 것이 두려워 스스로의 능력을 억누르고 기회를 버릴 것인가? 그럴 필요는 없다. 모난 돌이 정을 맞고, 주머니 속의 못은 천을 뚫고 나오게 되어 있다.

잘난 사람은 어쩔 수 없다. 각오하고, 당연히 해야 할 일을 하라. 다음은 아무리 남들에게 욕을 먹어도 할 수밖에 없는, 당연히 해야 할 일들이다.

💬 칼 같은 시간관념

'이게 왜 욕먹을 일이냐고?'라고 생각한다면 당신은 아주 분위기 좋은 곳에서 일하고 있다는 증거. 칼 같은 시간관념을 가진 사람들은 그렇지 않은 사람들에게 '피곤한 존재'다. 좀 적당히 대충 넘어갔으면 좋겠는데, 꼭 오늘까지 끝내야 한다고 상하좌우를 닦달한다. 2시 약속이면 1시 30분에는 도착해야 한다고, 회의 전날에는 회의 자료가 완성되어야 한다고 안달복달이다. 당연하지만 게으른 대충주의자들에게는 눈엣가시다.

깔끔한 매너

'깐 밤 같다'라는 표현이 있다. 똑 부러지고 깔끔한 사람을 일컫는 말인데, 칭찬에 가깝지만 100% 좋은 뜻은 아니다. '바늘로 찔러도 피 한 방울 안 날 사람'과 팔촌쯤 되는 족보다. 그렇다고 털털하고 수더분하면서 일처리는 똑 떨어지게 한다? 잘못하면 음흉한 사람 혹은 뒤통수나 치는 사람으로 몰리기 쉽다.

매너가 너무 좋으면 사람들이 쉽게 가까이 하기 어려워하기도 하지만 시간이 지나 진정성이 파악되고 관계가 친밀해지면 그만한 평가도 없다.

3주짜리 프로젝트를 2주로 당기는 능력

회사에서는 좋아할 능력. 하지만 유관 부서와 팀 내에서는 안티를 발생시킬 수 있는 능력. 동료들에게는 경쟁관계를, 부하직원이나 후배들에게는 혹독한 캐릭터가 되기 쉽다. 그러나 매출은 모두의 것이다. 인정받는 팀에서 일하고 싶다면 이런 인재들에게 좀 더 양보해도 된다. 능력이 있는 자는 자신의 업무를 빨리 처리하고 다른 사람을 도우면 된다. 내 일은 먼저 다 해놓았다고 다른 업무를 지청구하거나 빈둥거리며 기다리지는 말자. 그런 게 욕을 버는 것이다.

💬 상식적인 경비 지출

알뜰살뜰하게 아끼면 된다고 믿는 수많은 사람들. 6명이 모여 회의를 한다. 커피를 사오기로 했다. 이럴 때 무조건 '오늘의 커피' 6잔을 시키는 사람. 어떤 사람은 각자의 입맛에 맞춰 라테와 카푸치노 등을 섞어서 사온다. 그렇다면 상사는 전자를 칭찬할까? 구성원들은 전자를 '아, 저 사람은 참 알뜰하다. 나도 보고 배워야지'라고 생각할까?

경비는 아끼는 것이 기본이지만 그렇다고 쓰지 말라는 것은 아니다. 기준은 '상식'이다. 다른 사람들을 답답하게 하고 짜증나게 하는 알뜰함은 필요 없다. 정 눈치가 보이면 '5잔에 한 잔 더'를 쓰면 된다.

💬 늘 단정하고 깔끔한 복장

복장은 문화다. 어떤 기업에서는 '양복에 넥타이'는 감각 없는 아저씨 패션으로 점수가 깎인다. 어떤 회사에서는 좀 타이트한 '갈치 양복'을 입으면 윗사람이 핀잔을 준다. 어쨌든 결론은 '잘 입어야' 한다. 양복이든 세미 캐주얼이든 다림질해서 입어야 하는 양복을 다림질하지 않은 것, 무릎이나 엉덩이가 늘어나고 번들거리는 바지, TPO(Time, Place, Occasion)에 걸맞지 않은 패션들은 모두 감점이다.

적당히 캐주얼한 복장을 허용하는 회사에서도 "쟤는 왜 만날 저렇게 정장만 챙겨 입어? 답답하게…"라고 욕을 먹는 사람들이 있는데, 괜찮다. 앞으로도 계속, 그렇게 쭈욱 가면 된다.

💬 상사의 업무지시를 우선적으로 처리하는 자세

《20대에 연봉의 90%가 결정된다》라는 책에 재미있는 질문이 있다. 전화기가 고장났다는 상사의 말에 신입직원이 전화회사에 전화를 한다. 그러나 전화회사는 '이상이 없다'고 한다. 어찌할 것인가?

"이상이 없다는데요"라고 상사에게 전하는 사람, 자신이 코드를 뽑았다가 다시 연결해보거나 하는 사람, 건물 관리실에 연락해서 다시 문의해보는 사람….

첫 번째 케이스에게 "그래도 어떻게 좀 해결해 봐, 안 들리잖아"라고 했을 때 "이건 건물관리실에서 처리해줘야 하는 것 아닌가요?"라고 되묻는 경우도 있다. 이렇게 글로 읽으니까 '아, 저건 아니지' 하는 생각이 들겠지만 보통의 사무실에서 흔히 일어나는 풍경이다.

직접 고치려 해본다든가 여기저기 전화하여 해결책을 찾는 사람은 "쟤는 왜 저렇게 오버야"라고 욕먹기 일쑤다. 하지만 상사의 업무 지시는 최대한 빨리 처리하는 게 장땡이다. 합리성, 상사의 성격, 스케줄 따위는 다 잊어라. 그저 빨리빨리 움직이는 게 스마트한 직장생활의 다른 말이라는 것만 기억하라.

💬 과하다 싶을 정도로 밝은 인사성

성공한 CEO의 공통점은 늘 표정이 밝고 목소리가 우렁차며 인사성이 밝다는 데 있다. 누구를 만나도 금세 편안하게 분위기를 이끌어가는 친화력을 갖고 있다. 기억력까지 좋으면 금상첨화다. 절대로 웃는 얼굴에 침 뱉을 수 없다. 누구를 만나도 밝게 인사하라. 상대가 어색해 하며 "쟤, 나 알아?"라는 표정을 지어도 상처받지 마라.

팀장을 발탁하는 과정에, 자연히 그 자리를 차지하게 될 수석팀원이 평소 임원들이나 타 부서 사람들과 인사를 나누지 않았다는 이유로 아무도 발령을 찬성하지 않아 고사가 된 일을 두 번이나 목격했다. 물론 지금도 본인들은 절대로 이것이 사실이라 믿지 않고 있다.

💬 동료와 후배에게 적절히 쏘는 대범함

"술이나 밥을 사서 인심을 얻으려 하는데, 그건 좀 아니죠."

이렇게 말하는 그는 평소에 법인카드 아니면 후배들에게 생맥주 한 번을 사지 않는 것으로 유명하다. 대신 그가 욕하는 동료는 사람들과 친화를 위해 노력하고 있는 것 같다.

선물을 나눠주고 밥을 사고 술을 사서 사람을 모으는 시대는 지났다. 하지만 사람들과 잘 지내려고 노력하는 자세를 보여주기엔 이만한 것도 없을 것이다. 또 직급이 높거나 선배 위치라면 후배들 입장에서는 당연한 것으로 받아들인다. 말로는 "늘 선배님이 내시면 죄송하잖아요"라고 하고 있지만 더치페이 두 번만 해봐라. 아마 함께 갈 기회조차 적어질 것이다.

꼭 물어봐야 하거나 타이밍이 지나서 보고하는 사람들이 있다. 그런 경우는 대개 좋지 않은 결과를 부르거나 그렇게 보이기 십상이다. 그의 눈에는 아침마다 기한이 오기도 전에 팀장에게 일일이 보고하는 사람이 꼴 보기 싫을 수 있다. 그러나 세상의 모든 팀장들은 중간 보고를 싫어하지 않는다. 오히려 '그래, 알아서 잘하고 있군' 하는 생각을 갖게 된다.

일이 잘 풀리지 않을 때도 구체적으로 이유를 대고 그에 합당한 대안을 가지고 말해야 한다. 그냥 "안 된다는데요" 하고 말면 안 된다는 얘기다. "이번 주까지는 어렵다고 하는데, 그럼 다음주로 연기하고 대신 ○○○를 추가해 달라고 하면 어떨까요?"라고 보고하라.

탕비실, 식당, 삼겹살집 등과 호프집에서 삼사오오 모인 같은 회사 직원들. 대화의 소재는 회사·팀장·타부서에 대한 불평과 비난, 험담이 큰 비중을 차지한다. 웬만하면 입을 다물어라. 세상에 비밀은 없다.

분위기 맞춘다고 같이 추임새를 넣다가는 언제 어떻게 얘기가 돌아올지 모르는 정글 같은 세상이다. 그런 자리에서 입을 꼭 다물고 있으면 아무래도 어색해질 수는 있겠지만, 참아라. 반복되고 쌓이다 보면 어느 새 '충성도 높은 직원'이 되어 있는 자신을 발견할 수 있다.

오늘은 시어머니,
내일은 은인이 되는 관계

• 고객 편 •

클라이언트 만족 백배 서비스

• 기본을 지키고 발상을 바꿔라! •

불황이다. 경기는 점점 더 얼어붙고 경쟁은 거세고 매출은 오르지 않는다. 이럴 때 클라이언트는 소중하고 또 소중한 존재다. 그러나 클라이언트는 변덕쟁이다. 언제, 무슨 까닭으로 마음이 변하고 요구사항이 달라질지 알 수 없다. 영수증 한 장 함부로 처리 못하는 세상에서 접대로 해결하는 것도 한계가 있다. 진심은 통한다고 누가 그랬나? 진심도 통하는 방법이 따로 있다. 일과 일로 만난 사이지만 일 이상의 관계로 지속가능해야 하는 관계가 클라이언트다.

회사의 이름을 욕되게 하지 마라

매일 아침 7시에서 8시 사이. 회현 사거리 신호를 무시하고 대각선으로 가로지르는 차가 있다. 특정 업체의 CI가 도색된 미니버스다. '차량이 뜸한 시각이고 여러 군데를 돌아야 하는 업무 특성 상 이해할 수 있다'고 생각하는 사람은 몇이나 될까? 그 시간대 그 지역을 이용하는 사람들은 그 회사의 딜리버리 방식을 고급스럽고 점잖게 여기지는 않을 것이다.

수년 전 택배 차량들의 과격한 운전과 주차 문제로 몇몇 택배회사에서는 기사의 사진과 휴대폰 번호까지 차량 후면에 공개하도록 하기도 했다. 붐비는 점심시간, 회사 로고가 박힌 유니폼을 입고 식당에서 떠들고 옆 사람에 무례한 경우도 많다. 그 사람이 상사의 친구, 클라이언트, 담당 공무원이라고 생각해도 그럴 수 있는가?

회사가 드러나는 상황에서의 행동거지는 조심하고 또 조심해야 한다. 요즘은 인터넷게시판도 권력이다. 고객센터를 통해 어떤 항의가 들어올지 알 수 없다. 개인적 경험은 감정적으로 만들 수 있다. 억울해하지 말고 조심하라. 최소한 회사 로고가 드러난 상황에서는.

🎖 클라이언트를 기억하라

클라이언트를 기억 못하는 사람도 있나? 그런데 '안면인식장애'라는 말이 있다. 이럴 때 쓰인다.

"어이쿠, 죄송합니다. 제가 안면인식장애가 있어서 얼굴을 기억 못했습니다."

의역하자면, '나는 너를 기억 못해'다. 클라이언트에게 이러는 사람을 종종 본다. 비즈니스에서는 최악이다. 사람은 누구나 자신이 기억되기를 바란다. 자신을 기억하는 상대에 대해서는 호감을 갖는다. 물론 한 번, 잠깐 본 모든 사람을 전부 기억하기란 쉬운 일이 아니다. 그래서 영업의 달인들은 자기만의 노하우가 있다. 명함 뒤에 살짝 특징을 메모해 놓기, 그날그날 만난 사람에 대한 복기와 정리….

하루에 수십 명 이상을 만나는 전문영업인이 아니라면 약간의 노력으로 '안면인식장애'라 불리는 '기억하기 게으른 병'을 극복할 수 있다. 특히 상대가 중요한 클라이언트라면 더욱 절실하다.

복잡하게 생각할 필요는 없다. 그가 커피에 설탕을 넣는지 안 넣는지 정도만 기억했다가 다음번에 "설탕 안 넣으시죠?"라고만 하면 된다. 상대가 '아, 나를 기억하고 있구나'라고만 느끼면 된다. 단, 사생활을 침해한다거나 지나친 관심으로 오해해서는 안 된다. "지난번에 본 휴대폰이 아니네요?"가 그렇다.

🎖 서먹서먹해 하지 마라

만나자마자 호감을 사라. 호감은 대면한 5초 안에 결정된다든가, 10분이나 15분 안에 매력을 어필하라든가 하는 여러 조언이 있지만, 현실에서 이를 실천하는 경우는 10%도 안 된다. 처음 보는 사이에서는 '서먹서먹하기 때문'이다.

서먹서먹하다고 나중에 친해져야겠다고 생각하는 사람은 아마추어다. 상대가 클라이언트일 경우, 키는 상대에게 있고 역할은 당신이 해야 한다. '나중에'는 친구나 이성 사이에서나 가능하다. 첫 대면의 호감과 비호감이 이후의 관계 진행의 기본 틀이 된다. 한 번 좋게 맺은 관계는 웬만하면 좋게 흐르지만, 반대로 삐걱거리며 시작한 관계가 좋게 진행되기까지는 배 이상의 시간과 노력이 필요하다는 사실을 기억하라.

서먹서먹하고 어색하기로 치면 클라이언트라고 다르지 않다. 어색한 분위기에 대한 부담감은 상대도 똑같이 느끼는 것이다. 성격에 따라서는 더 크게 느낄 수도 있다. 업무 이야기든, 일상적인 화제든 대화는 이어져야 한다. 힘들더라도 노력해야 하는 부분이다. 그럼에도 불구하고 대화를 이끌어나가는 데 자신이 없는 이들을 위한 두 가지 매뉴얼을 소개한다.

날씨 얘기는 건강 얘기로 이어지고, 건강 얘기는 가족관계로 확장될 수 있다.

업무 관련 이슈는 지적이고 재미있지만 관심 없는 사람에게는 지루한 소재일 수 있으니 잘 판단해야 한다.

두 매뉴얼의 공통점은 '던지고' '추임새 넣기'다. 상대가 반응하기 쉬운 화제를 만들어 자연스레 대화를 나누는 것이 노하우다.

긍정적으로 표현하라

비 오는 날 클라이언트를 만났다.

"오늘 날씨 정말 우중충하네요"라고 인사하면 "그러게요, 이런 날은 정말 일하기 싫군요"라는 답이 돌아오기 마련이다. 이런 날 이런 미팅을 하고 있는 것조차 짜증스럽다는 것을 인식시키려면 성공이다.

"이런 날씨에 청탁이나 영업을 하면 성공률이 높다고 합니다"라는 말에는 "그래요? 정말 그런가?"라고 받게 된다.

어려운 문제에 부딪혔을 때, "그건 어렵겠는데요", "그건 불가능하겠습니다"라는 대답은 클라이언트에게는 "하기 싫어요"라는 거절과 같은 의미다.

거절도 거부도 긍정적으로 표현하라. "문제가 좀 있을 것 같은데 확인해봐야 합니다", "가능은 하겠지만 다른 상황이 있을 수 있으니 확인해서 상의드리겠습니다"라는 식으로. 아무리 성질 급한 클라이언트라도 이러한 대답에는 짜증을 낼 수 없다.

약속한 것보다 빨리 지켜라

우선 약속을 하는 것이 중요하다. 약속을 한다는 것은 상대에게 중요한 존재라는 인식을 심어주고 일회적인 아닌 지속적인 관계에 들어선다는 의미다.

그렇게 한 약속은 반드시 지키되, 약속한 것보다 빨리 피드백을 하라. '내일까지'라고 했으면 오늘 퇴근 전, '다음 주까지'라 했으면 이번 주 목요일이나 금요일에 회답하라.

예상보다 늘어질 때는 진행상황에 대한 중간보고를 한다. 이런저런 이유로 지체되고 있고 언제쯤이면 결과를 알 수 있을지를 미리 상세히 알려라. 클라이언트에게 적극적으로 일처리를 하고 있다는 어필이기도 하지만, 물리적으로 일정과 스케줄을 맞추는 데 필수사항이기도 하다. 제일 나쁜 케이스는 "알아보고 연락드리겠습니다"라고 한 뒤 감감무소식인 경우다.

또 업무가 처리된 뒤에는 반드시 확인 연락을 한다. 업무가 종료된 뒤에는 사후관리도 해야 한다. 어떻게 되었는지, 계획대로 잘 처리되었는지 등을 묻는 안부전화를 잊지 않는다.

🎖 모든 이메일에 반드시 답장하라

업무적으로 오는 모든 메일에는 길든 짧든 답장을 하도록 하라. 특히 "~ 알아보고 연락주세요"라는 요지의 클라이언트 업무 메일을, 정말로 알아보기 전까지 답을 하지 않고 있는 것은 아닌지? "메일을 잘 받아보았고, 알아보겠으며, 연락을 주겠다"라는 답 메일을 보내도록 한다. 언제까지는 답변을 줄 수 있다고 알리면 더 좋다.

미팅을 마치고 헤어질 때는 반드시 배웅하라. 적어도 엘리베이터까지는 나가라. 클라이언트가 아니어도 비즈니스 미팅의 기본이다.

작은 선물을 하는 것도 효과적이다. 오후라면 가벼운 간식이나 음료도 좋고, 문고본 책이나 작은 잡지, 새로운 기능의 문구도 상대에게 부담을 주지 않으면서 관계를 유연하게 만들 수 있다.

🎖 웃으며 말하라

좋은 이야기든, 나쁜 이야기든 웃으며 말하라. 비즈니스 사회에서는 무표정한 포커페이스보다 밝은 표정을 환영한다. 아무리 클라이언트라 하더라도 미안한 이야기, 죄송한 이야기, 기분 나쁜 이야기, 섭섭한 이야기… 등등이 충분히 오갈 수 있다. 업무적으로 조율해야 할 일이라면 말할 나위도 없다.

단, 웃으며 말하라. 안 좋은 이야기일수록 부드럽게 풀어가야 한다. 웃는 얼굴에 화낼 수 있는 사람은 없다.

Chapter 2

선택은 갑이, 주도권은 을이

• 클라이언트와의 트러블 예방과 해결 10계명 •

"뭐라고요? 아니, 그렇게 말씀하시면…. 알겠습니다." '꽝' 하고 수화기 내려놓는 소리에 이어지는 깊은 한숨. 김 대리는 담뱃갑을 움켜쥐고 자리에서 일어선다. 클라이언트, 고객 등 일명 '갑'으로 불리는 그들로 인해 흔히 일어나는 사무실 풍경. 어느 유명한 디자이너의 꿈은 '갑'이 되는 것이라던가? 갑에게는 또 다른 갑이, 또 고객이 존재한다. 이 세상에 고객 위에 설 수 있는 직업은 단 하나도 없다. 피할 수 없지만 즐길 수도 없는 클라이언트 트러블. 방법은 하나다. 예방하고 해결하는 것. 스스로 인자를 주입해 면역성을 키워야 한다.

고객은 작은 것에 감동한다

너무나도 뻔한 이야기 같지만, 가장 정확하고 기본적인 개념이다. 거꾸로 업무적인 100가지를 잘해도 작고 소소한 한두 가지 실수로 성과를 무너뜨리는 일을 종종 경험한다.

VIP마케팅이란 고객을 위한 특별하고 차별화된 서비스를 말한다. 개인적인 정보들을 기억하고 적재적소에 맞춘 서비스를 지향하는 것

인데, 불특정다수를 대상으로 한 일반적인 서비스와의 가장 큰 차이
는 좀 더 세밀하고 사적인 데 있다.

영업이든 서비스든 사회생활은 결국 사람관계의 문제. 생일이나 결
혼기념일, 고객사의 창립기념일 등 기본적인 사항에 대한 메모는 영
업의 필수다. 선물이나 향응을 챙기라는 것이 아니라 상대에 대한 기
본적인 정보를 챙김으로써 적극적인 자세를 보이라는 뜻.

🎖 이기려 하지 마라

사람이 하는 일이다 보니 감정이 북받치고 화가 나기도 하는 것은
당연하다. 그러나 한마디로 화내봤자 나만 손해다. 갑·을관계는 정신
을 지배하는 관계의 핵심이다. 물론 개인에 따라 포스의 강도는 다르
지만 근본적으로 상대는 필요에 의해 당신과 회사에 요구를 하고 있
는 것이지 단지 감정적으로 괴롭히려고 하는 것이 아니다. 자존심 상
해 할 필요도 없다. 고객 위에 군림할 수 있는 직업은 세상에 단 하나
도 없다. 정치인은 민심을, 아티스트는 대중을 의식하고 그들을 따르
지 않는가? 클라이언트는 대가를 지불한다. 선택의 권리는 그들에게
있다.

해달라는 대로 하라. 좋은 제품이 일등 제품이 아니라 일등 제품이
좋은 제품이다. 고객이 원하는 것이 옳은 것이다. 클라이언트는 "안
되는 게 어디 있어?"라고 믿는다.

차별대우 하라

　두세 배가 넘는 가격을 지불하고 호텔을 이용하는 이유는 단지 쾌적함 때문만이 아니다. 고급스럽고 특별한 서비스 때문이다. 단골을 만들고 싶어 하는 고객의 심리도 마찬가지다. 언제나 원하는 결과물이 나오기를 바라는 것이다. 모든 클라이언트와 담당자의 로망은 '믿고 맡길 수 있을 것'이다. 일관된 서비스 정신도 중요하지만 주 고객 서비스를 더 우선한다. 단골고객의 스페셜티는 입소문을 만들고 평판이 되어 다시 이익으로 돌아오게 되어있다.

　'원래'라는 말은 없다. "원래 이건 나가는 품목이 아닌데요", "원래 저희는 그런 것은 하지 않는데요"라는 표현은 엄밀히 말해 '귀찮다'는 표현의 다른 방식이다. 귀찮아하지 마라.

동등한 자세가 고급 서비스다

　고객은 진화하고 발전한다. 무조건 수직적으로 모시는 서비스는 부담을 주고 진심을 의심하게 한다. 전문적인 컨설턴트로서 입장에 충실한 모습을 보일 때 클라이언트로서의 자부심을 만족시킬 수 있다.

　브리태니커는 감색 블레이저와 회색 바지, 브리프케이스와 만년필로 영업직원의 옷차림을 통일시켰다. VIP 영업직 종사자가 몽블랑 펜을 가지고 다니는 것은 고객에게 실적이 좋은 프로로서의 신뢰감을 주고 훌륭한 선택이었음을 확신시키는 퍼포먼스다.

컨설턴트는 전문가로서의 조언들, 비전을 제시할 수 있어야 한다. 고객사의 담당자에게 이 일은 과제이고 성과다. 프레젠테이션은 '얼마나 이 일을 잘 해낼 수 있는가'를 증명해보임과 동시에 이 프로젝트에 관련한 모든 이들에게 이 일의 정당성을 설득하고 근거를 제시할 수 있어야 한다. 'Yes'라고 답하는 것에 굴욕감을 느끼는 것이 아니라 'and then'을 설명할 수 있어야 한다.

편하고 쉽게 만들어라

클라이언트와 고객의 편의성을 최우선에 놓아야 한다. 식당에서 "뭐가 맛있죠?"라고 묻는 손님에게 "다 맛있는데요"라는 대답처럼 맥 빠지는 것도 없다. "다 맛있지만, 가장 많이 나가는 건 ○○○ 메뉴고, 여성분들은 ○○○도 좋아하십니다"라고 해야 한다. 가끔, "잠시만요. 물어보고 올게요"라고 하는 종업원이 있는데, 손님에게 적극적으로 대처하려는 자세이기 때문에 차라리 이 편이 낫다.

"이렇게 하시면 됩니다", "이게 가장 좋은 방법입니다" 등 제안하고 선택할 수 있게 하라. 한 가지가 아닌 복수 제안을 해야 한다면 "제가 생각하기에는 이 방법이 가장 좋을 것 같은데, 아니면 이 방법도 나쁘지 않습니다"라고 우선순위를 정해준 뒤 장단점을 알려주도록 하라.

소탐대실은 금물

만화방이나 비디오 대여점에서 블랙리스트에 오른 경험이 있는 사람들은 알 것이다. 반납일이 하루만 지나도 칼같이 요금을 물리고 지나치게 반납을 독촉하는 가게는 아무래도 발길을 끊게 된다. 거래가 오가는 관계일수록 눈앞의 작은 것에 연연하지 않아야 한다. 이미 진행되고 있는 건에 변동이 생겼을 때 왈가왈부하기보다는 시원하고 흔쾌히 받아들이고 추후에 다른 건으로 보완할 수 있도록 하는 스킬이 필요하다. 과도한 요구를 하는 클라이언트가 있을 수도 있는데, 차라리 계약서를 꼼꼼히 만드는 편이 낫다.

인심은 후하게 쓸수록 남는 것. 어설픈 생색은 안 내느니만 못하다. 인원 수대로 시키지 않아도, 아이들을 위한 앞접시를 미리 내주는 식당은 단골이 될 수밖에 없다는 사실을 기억하라.

적극적인 모습을 보여라

상대방에게 무엇이 필요한지, 상대방은 왜 나와 우리 회사를 찾는지를 생각해보면 답은 금방 나온다. '알아서 잘하기 때문에', '규모가 있고 시스템이 잘 돼 있기 때문에', '단가가 싸기 때문에', '일을 잘하기 때문에' 등 여러 가지 이유가 있을 것이다. 그에 맞춰주면 기본은 된다.

식당에서 카드영수증에 사인을 할 때 재빠르게 펜을 건네는 0.1초의 포착 서비스도 수동적인 직원이나 주인에게는 어려운 일이다. "잔

돈으로 드릴까요?"라는 배려심 있는 질문, "제가 알아보겠습니다", "저희가 확인하겠습니다" 등 굳이 분담하지 않아도 될 일에 대해서도 적극적인 자세를 보이는 것은 중요하다. 자료를 하나 보내면 반드시 잘 도착했는지에 대한 확인은 기본이다. "다행입니다", "잘 됐어요" 등 어떤 사안에 대해서도 클라이언트 입장에서의 표현을 사용하면 더 효과적이다.

트러블은 기회다

　관계가 썩 좋지 않은 클라이언트가 있었다. 커뮤니케이션이 원활하지 못하다 보니 업무 과정에 실수도 잦았다. 어느 날 큰 사고가 생겨 버렸다. 클라이언트는 펄펄 뛰고 분개하며 상황을 해결할 것을 요구했다. 방법은 딱히 없었다. 발로 뛰고 사방으로 알아보며 인맥을 동원해 겨우겨우 급한 불을 끌 수 있었다.

　그러나 이 과정에서 클라이언트에게 변화가 일어났다. '아, 이 회사는 정말 일을 열심히 하는구나' 하는 판단이 들었단다. 사고는 잘 마무리되었고 이후 클라이언트는 여러 곳에 우리 회사를 추천하기도 하고 다음 계약 때도 유리한 조건으로 진행 가능하도록 도와주고 있다.

　적대적인 클라이언트는 잠재적 충성고객일 수 있다. 사고와 트러블은 클라이언트에게도 위기 상황이다. 클라이언트와 업무적으로 빚게 되는 문제는 일에 대한 진지한 자세, 책임을 회피하지 않는 것 등 해결 방식과 과정에 따라 관계를 바꿔놓을 수 있다.

🎖 보고가 잦을수록 트러블은 줄어든다

트러블은 대부분 일이 잘못되었을 때 일어나는데 '책임소재의 회피', '해결방식에 대한 무책임', '서로의 입장에 대한 몰이해'가 대부분을 차지한다. 이 중 대부분은 잦은 보고와 확인을 통해 해결할 수 있다.

미팅을 마칠 무렵 반드시 전반적인 결정사항을 한 번 더 복기하도록 한다. 변경되는 사항은 전화로 결정되더라도 메일 등을 통해 확인해두도록 한다. 또 어딘가 불안한 여지가 있다면 클라이언트에게 확인하는 절차를 밟도록 한다. '이 정도는 알고 있겠지'라는 방심이 결국 사고로 이어져 '이런 건 미리 말씀해주셨어야죠'라는 식으로 책임이 떠넘겨지는 경우가 많다.

클라이언트의 성격에 따라 지나치게 잦은 보고를 귀찮아하는 경우도 있다. 그럴 경우 달라진 부분이나 진행되고 있는 내용에 대한 간략한 보고 형태의 메일 등을 정기적으로 보내두도록 하는 것도 요령이다.

🎖 사적인 일도 적절히 접근하도록

결국은 사람 관계다. 몇몇 분야를 제외하고는 꼭 이 업체가 아니면 안 된다는 경우는 없다. 업무라는 것 역시 잣대로 잴 수 있는 것이 아니기 때문에 평가란 주관적인 부분이 존재할 수밖에 없다.

나와 클라이언트 모두 월급을 받고 자기 업무를 맡고 책임져야 하는 입장이라 생각해보자. 상대가 잘못한 부분이라 할지라도 대세에 지장이 없는 경우는 "그건 굳이 오픈할 필요는 없을 것 같네요"라든가, 이미 기회가 사라진 일에 대해서는 "일단 해결 방안을 찾아보도록 하죠"라는 식으로 넘어가도록 한다. 상품권보다 더 효과적일 수 있다.

Chapter 3

역효과를 부르는 고객서비스

• "사랑합니다. 고객님" 됐고! 사랑 말고 다른 거! •

"사랑합니다. 고객님"이라는 생뚱맞은 인사가 있다. 불특정다수에게 사랑한다니. 애정 표현이 풍부하지 않은 우리나라 국민 정서상 민망하기 그지없지 않은가. 세계 어디에도 "I love you"라고 인사하는 나라는 없으니 그러다 말 것이라 생각했는데, 의외로 오래가고 있다. 성질 급한 고객들은 전화를 걸어 이런 멘트가 나오면 안내원이 말을 채 마치기도 전에 "지금 바쁘니까 그런 얘기 하지 말고 ○○○건 담당자나 바꿔요!"라고 한단다.

단지 '사랑'이라는 괴상한 용어 사용의 문제만은 아니다. 고객에 대한 친밀감을 표현하려고 한 것이지만 '그저 입에 발린 말'이라고 생각하기 때문이다. 표현은 극단적이고 체감온도는 미적지근하다. 진정성을 느끼지 못한다.

진정성은 마케팅의 가장 중심에 선 키워드다. 폐쇄적이고, 복잡하고, 지나치게 다양하여 선택이 어려울 때 '솔직하고 담백하게 상대를 위하는' 서비스가 가진 설득력과 파급효과는 빠르고 크다.

고객감동은 기업과 고객 간의 신뢰를 쌓고 이는 다시 견고한 충성도를 가져오기 때문에 고객우선, 고객중심, 고객친밀을 외친다. 그러나 포장과 매뉴얼에만 급급한 서비스 액션은 고객의 짜증만 불러온다. 마음 한 구석, '저것도 다 금액에 포함되겠지' 하는 생각이 들면 지불하는 비용조차 아깝게 만든다.

"아, 이곳은 고객 입장에서 생각을 하는구나. 자신들의 이익보다 고객서비스를 우선으로 하는군"이라는 신뢰를 얻어내면 성공이다. 그렇다면 어떤 서비스가 진정성을 전할 수 있을까?

🎖 교집합 지점에서 특별하게 대우하라

클라이언트 A 씨는 늦둥이 자녀를 둔 직장맘이다. 영업사원 B 씨는 A 씨와 만나고 헤어질 때 항상 아이의 안부를 물으며 직장맘으로서 늦둥이를 둔 입장에서 가질 수 있는 고민을 언급하곤 한다.

"내년에 일곱 살이 되면 학교를 일찍 보내실 거예요? 아니면 8세가 될 때 보내실 거예요?"라든가 "여름휴가는 아이 때문에 너무 번잡한 곳은 피하셔야겠어요. 요즘 ㅇㅇㅇ가 쾌적하고 인기가 좋던데…"라는 식이다.

또 다른 클라이언트 C 씨는 여행이 취미인 얼리어답터다. 새로운 여행트렌드나 신제품 정보를 입수하면 문자로 알려주거나 할인티켓 같은 것을 구해서 주기도 한다.

B 씨보다 더 친밀하게, 더 고가의 선물로 영업하는 사람도 있겠지

만 클라이언트는 자신과 같은 위치와 입장에서 나누는 정보에 더 공감하게 된다. VVIP 마케팅은 라이프스타일과 취향의 세세한 부분까지 케어하고 접근하는 것. 일방적인 서비스 매뉴얼이 아닌 생활과 입장에서 나오는 배려는 상대의 마음을 움직일 수밖에 없다.

🎖 약점과 노력을 동시에 보여라

요즘 TV에서는 예능 서바이벌 프로그램들이 각광을 받고 있다. 약점이나 결점이 있는 사람이 문제와 갈등을 극복하고 해결하며 성취하는 모습을 보며 사람들은 심리적 공명을 느낀다. 클라이언트와의 관계도 마찬가지다. 특히 어려운 문제와 사고가 닥쳤을 때, 이미 일어난 일을 돌이킬 수 없다면 그 이후의 대처 자세가 중요해진다. 약점이 노출됐으면 노력을 보여야 한다.

"어떻게 하면 좋겠습니까?"라는 질문보다는 "상황은 달라지지 않겠지만 이런 방법이 있고, 이런 방법도 있습니다. 각각의 장단점은 이러이러합니다. 이 중 어느 것이라도 해봤으면 합니다"와의 차이는 명백하다.

또 권위적이고 관료적인 관계나 상대일수록 솔직하게 다가가는 것이 낫다. 아는 척하는 상대에게 어설픈 매뉴얼로 접근하면 오히려 상황은 더 나빠지기 쉽다.

회사 옷, 회사 차라면 긴장하라

회사나 브랜드 로고를 버젓이 도장한 자동차로 깜빡이도 켜지 않고 지그재그로, 속어로 '칼질 하는' 모습을 보면 어안이 벙벙해진다. 당장이라도 본사에 전화해 "서비스업체가 직원 교육을 어떻게 시키는 거예요?"라고 항의하고 싶어진다. 유니폼을 입은 채 건물 화장실에서 물을 튀기고 사과조차 하지 않는 직원이 창구에 앉아서는 "반갑습니다. 고객님, 무엇을 도와드릴까요?"라고 인사하기도 한다.

안내나 주차요원, 보안직원 회사의 첫인상도 중요하다. 도대체 웃지 않는 이유는 무엇인지 궁금할 때도 많다. 차가 들어오면 멀리서부터 인상을 쓰고 누구 차인가, 임원인가, VIP인가, 어중이떠중이인가 등을 확인하려 다가와서 손을 휘저으며 저리 가라고 내쫓듯 알리는 회사도 있다. 비즈니스에서 첫인상의 중요성은 아무리 강조해도 부족하다. 회사도 마찬가지다.

고객의 짜증을 부르는 서비스

1. 언제 봤다고? 친한 척하기.

친한 척과 친밀감은 다르다. 미용실에서 머리를 감을 때, 네일숍에서 케어를 받을 때 친한 척하려 하면 고객은 귀찮다. 친한 척을 하려면 기억하고 있는 정보와 배려가 중요하다. "지난번보다 많이 좋아지셨네요. 따로 관리하셨어요?"

그러려면 고객에 대한 지속적인 관심과 데이터가 필요한 것은 당연한 일.

2. 립서비스는 이제 그만.

어울리지도 않는 옷이나 너무 튀어 창피한 옷을 입고 있는데 "오늘 너무 멋지세요!"라고 한다. "너무 예뻐요"라고도 한다. 그런 말을 듣고 으쓱하며 기분 좋아하는 사람은 생각보다 많지 않다. 여성, 젊은 사람, 예민하고 꼼꼼한 성격일수록 '나를 놀리는 거야?'라든가 '입에 발린 말을 하고 있군'이라고 생각해버린다.

"가방과 옷 색깔이 아주 잘 어울리네요."

"여름이라 시원한 색을 선택하셨군요."

칭찬을 해서 점수를 따고 싶다면 정확하게 포인트를 집어서 표현하도록 한다.

3. 기계적인 대답도 이제 그만.

기계적인 "네, 알겠습니다"를 하지 마라. 메모를 하고 반드시 복기하며 확인하도록 한다.

"그럼, 내용 확인 좀 할게요. 이러이러한 것을 저러저러하게 처리했으면 하신다는 거죠?" 고객뿐 아니라 회사 내에서도 통용되는 기본 매너다.

4. 차라리 인사하지 마라.

눈을 마주쳐야 진짜 인사다.

"안녕하십니까? 고객님. 오늘도 좋은 하루입니다. 저는 상담원 ○○○입니다. 무엇을 도와드릴까요?"

노래 부르듯 레미파솔라 음계로 길고 긴 인사말을 읊조리기도 그만. 인상을 쓰고 입으로만 중얼중얼하는 매뉴얼 인사도 그만.

그런 인사를 받고 기분이 좋을 수 있는가? 아침이기라도 하면 하루 종일 불쾌할 것이다. 눈을 마주치고 웃어라. 그리고 다음처럼 뭔가 특별한 사항을 삽입하라.

"비 오는데 운전 조심하세요."

"요즘 많이 바쁘셨을 텐데 점심은 삼계탕이나 보양식으로 맛있게 드세요."

5. 매뉴얼대로 하는 거 다 알아.

대형마트에서 와인을 사는 사람들은 자주 겪는 일. 구경을 하고 있으면 점원이 다가와 "찾으시는 와인 있으세요?"라고 묻는다. 사실 그냥 둘러보고 적당히 싼 것을 사갈 계획이라 없다고 하면 "달콤한 와인 찾으세요?"라고 묻는다. 상대가 와인에 대해 잘 모른다고 판단했기 때문이다. 아니라고 하면 제일 많이 팔리고 인기도 많아서 가격에 거품까지 붙은 것을 주로 가지고 와 보여준다.

마트에서 와인을 사는 사람들의 '싸고 맛있는' 와인을 권해주는 경우는 경험적으로 거의 없다. 고객이 어려워할까봐 친절하게 점원이 상담을 해주는 것 같지만 그냥 매뉴얼대로 하고 있는 것이다. 고객이 원하는 건 매뉴얼이 아니라 카운슬링이다.

6. 단체 문자는 이제 그만!

'멋진 주말 보내세요.'

'뜨거운 복날입니다. 삼계탕 한 그릇 하시고 기운 내세요!'

'둥근달 떠오르는 추석입니다. 늘 한가위처럼.'

대리운전 광고용 문자 메시지가 아니라 업무 관계에서 이런 식의 단체 문자를 날린다. 절반 이상은 대리문자 속에 휩쓸려 확인조차 안 하고 삭제된다. 거래처에서 온 문자라는 것을 알았다면? 기분 좋고 고맙기보다는 센스 없이 귀찮기만 하다고 생각할 것이다. 제발 보내려면 개별 문자로. 단체 문자는 사양입니다!

명품 직원의 고객 응대 10계명

• 진정성과 매너로 무장하라 •

잘 되는 회사, 잘나가는 조직은 공통점이 있다. 고객을 대하는 방식이다. 여기서 고객은 현장에서 매출을 올리는 불특정다수일 수도 있고, '갑·을관계'의 클라이언트일 수도 있다. 때로는 상사와 동료, 협업 부서 등 조직 내부의 관계 대상일 수도 있다. 고객이 원하고 동료들이 찾는 인기 많은 직원, 평판 좋은 직원이 되는 법을 알아보자.

5초 안에 호감을 사라

모든 인간관계에 해당되지만 특히 비즈니스 관계에서 첫인상의 중요성이란 아무리 강조해도 부족하다. 첫눈에 '아, 괜찮은 사람인 걸' 하는 느낌을 줄 수 있다면 이미 일은 반 이상 성사된 것이다. 호감을 사는 포인트는 '긍정적인 느낌'이다.

낯선 누군가를 인식하는 데 걸리는 시간은 단 5초. 그 짧은 순간을 위해 푸른색의 비즈니스 수트와 깔끔한 화장, 고급스런 필기구 등을 준비하는 것이다. 회사나 가게에 손님이 들어서서 5초 안에 둘러보게 되는 집기와 분위기가 중요하다. 걸려오는 전화는 5초 안에 받는다. 여러 번 울려도 아무도 당겨 받지 않는다든가, 두 번 세 번 다시 걸어야 그때서야 전화를 받는 회사나 직원은 상대를 맥 빠지게 하고, "저 사람은 늘 빠르고 신속해. 편안히 믿고 맡길 수 있어"라는 인식을 주어야 하는데 그런 신뢰를 형성하지 못한다.

🎖 대화가 끊기지 않게 하라

태생적으로 소심하고 남들과 어울리는 것을 어려워하는 사람이 있었다. 매사 진지하고 때로는 침울하게 보일 정도인 그는 그런 자신의 성격이 사회생활을 하는 데 장해가 된다고 생각하고 조그만 수첩을 하나 장만했다. 그리고 유행하는 우스갯소리나 재미있는 유머를 꼼꼼히 적어두었다가 필요한 자리에서 그 수첩을 꺼내 읽어주곤 했다.

그 이야기가 재미있고 없고를 떠나 무게 잡는 것처럼 진중하게 생긴 사람이 조그만 수첩을 꺼내 읽는 상황만으로도 사람들의 부담은 가벼워졌다. 가끔 포복절도하게 재미있는 이야기라도 나온다면 효과 만점일 것이다.

접대와 회식에서 폭탄주 제조 퍼포먼스와 시류를 반영한 네이밍이 술자리의 좋은 화젯거리다. 정치·사회적 이슈 등 상대와 대화가 끊기지 않도록 하라. 가장 좋은 것은 상대가 말하도록 만드는 것이고 그 다음은 상대가 지루하거나 서먹하지 않도록 내가 말하는 것이다.

관심을 표현하라

그냥 세상 돌아가는 이야기나 한다고 다 되는 것은 아니다. 상대에 대한 관심을 적절히 표현하는 것이 중요한데, 사적인 부분과 민감한 부분을 조율하는 스킬이 있어야 한다.

지나치게 사적인 내용을 언급하지는 말고 가시적인 것, 기정사실화된 것 위주여야 한다. 개인이 아닌 회사의 이슈라면 좋은 소식과 나쁜 소식을 잘 구분해야 한다. "A 사, 불황 중 특별상여금 1,000% 지급"이라는 신문기사가 났다고 해서 A 사 직원에게 '부럽다', '축하한다' 할 수 있는 게 아니라는 얘기. 임금을 둘러싼 내부 문제가 있을 수도 있고 그런 사실이 보도돼 난처하게 됐을 수도 있다.

무조건 아는 척하고 표현한다고 해서 능사는 아니다. 대상이 되는 회사나 개인의 입장을 충분히 납득한 상태에서 적절한 관심을 보여줄 수 있어야 한다.

약속을 많이 하고, 빨리 지켜라

가능하다면 약속을 많이 하라. 연락을 주고받고 만나서 얘기를 한참 해도 돌아서면 남는 게 없는 것 같은 느낌이 든다면 최악이다. 작고 사소하더라도 "그건 제가 확인해보고 알려드리겠습니다"라든가

"그 자료는 저희가 찾아서 보내드릴게요"라는 식으로 구체적인 약속을 하면 상대는 뭔가 일이 진행되고 있고 이쪽의 도움을 받고 있는 것 같은 느낌을 갖는다.

또 그렇게 한 약속은 반드시 지키고 상대가 기다리지 않게 최대한 빨리 처리하는 것이 좋다. 클라이언트는 기다려주지 않는다. 기다림이 반복될수록 상대에 대한 불신과 짜증의 골이 알게 모르게 깊어가기 마련이다.

사소한 약속이라면 오히려 지키기도 쉽다. 가벼운 약속을 많이 만들어 빨리 지키도록 한다. 사기꾼들은 처음에 적은 돈을 빌려 빨리 갚기를 반복하며 신뢰를 쌓은 다음, 이후에 받은 거액을 가지고 달아나는 법이다. 작은 신뢰란 그만큼 중요하다.

반드시 예의를 갖춰라

예의는 서비스의 필수 요소다. 들어서면서 웃으며 "안녕하세요?" 인사하고 존칭과 경어를 자연스럽게 구사하고 깍듯하게 매너를 지킬 것. 매너 교육과 트레이닝이 점점 약해지고 있는 추세는 안타까운 현상이다. 기업문화와도 관계가 깊은데, 표면적으로는 쉽게 드러나지 않는 것 같지만 '고급화'·'브랜드화'를 원한다면 매너는 필수다.

친근감을 표현하겠다는 마음에 비어나 속어를 사용한다든지(상대가 불편해 할 수도 있다), 일이 안 풀려 답답하다 하여 상대에게 짜증을 낸다든지, 퇴근 무렵, 금요일 오후, 월요일 오전 등에 복잡한 일을 상의한다든지, 이메일에 답이 없다든지 하는 것도 매너가 아니다.

오픈 마인드로 유연하게 대하라

진정성만큼 효과 빠른 감동의 키워드는 없다. 일단 정직한 자세로 대하라. 일에 대한 진행 상황을 알리고 공유하라. 나쁜 이야기는 숨기고 알리지 않는 경우가 많은데 그보다는 문제가 생겼을 때 솔직히 인정하고 해결책을 적극적으로 찾는 모습을 보이는 것이 좋다. 신뢰는 사람 사이 관계의 기본이고 정직을 바탕으로 한다.

또 상황을 긍정적이고 유연하게 받아들여야 한다. 원칙을 고수하는 것은 좋으나 지나치게 경직되어 있어서는 안 된다. 고객과 상대의 입장에서 필요한 일이라 판단이 되면 조절할 수 있어야 한다.

물이 셀프서비스인 식당에서 물을 달라는 손님의 요청에 일단 갖다 주면서 셀프서비스라는 점을 주지시킨다든가, 업무 시작 시간 전이라도 고객이 기다리고 있으면 문을 열어준다든가 하는 것이다.

모든 고객과 상사는 "안 되는데요"라는 말을 싫어한다. "안 되는 게 어디 있어?"라고 맞받아치게 하지 말고 가능한 방법을 찾아 제안하는 자세를 보이도록 하라.

안부 인사는 기본 중의 기본

너무 기본적인 이야기 같은가? 그러나 우리 팀의 팀원 중 30%만이 팀 내 또는 고객사와 자연스러운 안부 인사를 나눈다. 현재 업무적으로 정기적인 일정을 갖고 있는 업체 담당자들 중 매너 있게 인사로 시작하는 경우도 20% 정도다. 대부분 '어색해서'가 이유다.

그러나 밝고 따뜻한 인사는 대화와 관계를 부드럽게 풀어나가는 시작이다. 통화나 미팅 자리에서 밝게 웃는 얼굴과 목소리로 "안녕하세요? 오늘 날씨 정말 화창하네요!"라고 시작하는 것과, 맨송맨송 데면데면 바로 업무 이야기로 들어가는 경우, 어느 쪽이 더 분위기가 좋겠는가?

🎖 나는 웃고 있는가

늘 이마에 내 천(川)자를 그리고 있는 사람들이 있다. 관상에서 아주 안 좋은 경우다. 그런 사람과는 대화를 나누기도 피곤하다. 조금만 진지한 이야기나 어려운 상황이 되어도 상대가 짜증을 내는 듯한 인상을 풍기기 때문이다. 그야말로 복을 차내는 얼굴이다.

돈을 많이 번 부자나 장사가 잘 되는 가게의 사장 얼굴을 보면 꼭 미남미녀가 아니더라도 밝고 여유 있는 얼굴을 하고 있다. 타고난 인상도 있겠지만 연습을 해서라도 밝게 웃는 인상을 만들어야 한다. 표정은 노력을 통해 어느 정도 교정이 된다. 일단 스스로 '나는 어떤 인상인가?'를 짚어보라.

꾸준히 쌓은 전문 지식으로 신뢰를 얻어라

자신의 업종과 업무 분야 외에는 별 관심이 없고 현재 업무와 관련돼 있지 않으면 시장 상황이나 주변 환경이 어떻게 변하는지 별 관심이 없는 사람들이 있다. 고객은 당신이 전문가라고 생각하고 그렇게 믿고 있다. 당신을 통해 자신도 관련 분야의 전문성과 트렌드를 파악하게 되는 유익함이 있기를 바란다.

예를 들어 우리 회사는 인쇄매체를 전문으로 제작하는 업종인데, 그렇기 때문에 "웹 콘텐츠 쪽은 전혀 모르겠는데요"라고 사람들에게 말할 수는 없는 것이다. 오히려 인쇄물에 대한 전문지식이 확장돼 온·오프라인을 넘나드는 콘텐츠의 시너지 효과를 제안할 수 있어야 한다.

이것이 가능하려면 평소 꾸준히 자기 분야, 관련된 분야, 주변을 둘러싼 환경의 변화에 늘 관심을 갖고 정보를 입수해 두어야 한다. 만나면 무언가를 얻을 수 있는 사람, 그 사람에게 부탁하면 뭔가 나올 것 같은 사람, 한마디로 콘텐츠가 있는 사람이 되어야 한다.

"

오후의 커피브레이크처럼 읽는 책

"

이 책은 지난 2년간 매일경제 〈시티라이프〉에 연재한 '직장인 레시피' 시리즈 중 일부를 모아 재구성한 것이다. 신입 또는 직장 경험이 길지 않은 3~5년차, 아직 회사와 조직에 안착했다고 여기지 못하는 이들을 기준으로 추려냈다. 직장생활에 대해 안다고 하기도, 모른다고 하기도 애매한 위치일 그들이다.

자기계발과 처세를 다룬 책들이 넘쳐나고 있지만 공감이 가는 내용은 지극히 단선적이거나 때로는 지나치게 교과서적이어서 마음에 와닿기 힘든 경우가 대부분이다. 성공한 임원이나 경영자, 컨설턴트의 글은 아무리 내용이 좋아도 다른 나라, 다른 사람들의 이야기 같아 현실감이 없다. 내 처지와 입장에 대해 사실 책보다는 친구, 주변 동료, 선후배나 상사의 입장에서 커피 한 잔 마시며 혹은 맥주 한 잔 걸치며 나누는 상담과 조언이 더 빠르고 쉽다. 그런 정도의 얘기를 하고 싶었던 글들이다. 함께 기획하고 진행한 〈시티라이프〉 편집부도 나와 같은 직장인이다.

'아, 선배들은 이렇게 생각할 수도 있겠구나', '상사들이란 이런 마인드로구나' 정도의 깨달음을 얻는 것만으로도 큰 성과다. '나만 이런 고민을 하는 건 아니었구나' 하는 생각이 든다면 문제의 절반은 해결됐을지도 모른다(그렇게 몇 번쯤 필요한 부분은 복기하며 읽다 보면 이 정도 내용의 책은 더 이상 필요하지 않게 되는 순간이 올 것이다. 요령과 스킬을 겸비한 경륜 있는 직장인이 되었다는 증거다). 그래서 다시 다른 친구와 후배에게 "회사란 건 말이야…"라며 얘기를 시작할 수 있게 되어도 좋을 것이다.

체계가 잘 잡혀있는 큰 회사나 좋은 기업에 다니고 있는 직장인보다는 작은 회사, 여러 모로 시스템화가 덜 되었거나 진행 중인 회사에 다니고 있는 직장인을 대상으로 했다. 대한민국 직장인의 90%다. 일부 내용에 여성 직장인을 일반화시킨 표현이 있는데, 대한민국의 많은 기업이 남성 중심, 남자직원의 비중이 큰 현실 속에서 세밀하게 다루지 못한 면이 있다. 기회가 된다면 나날이 가속화되어가는 총명함과 부지런함으로 글로벌 경쟁력의 우위를 점하는 대한민국 직장 여성의 라이프스타일을 따로 다루고 싶다.

신입 또는 아직 직장생활 경험 전의 미래 엘리트들에게는 고리타분하고 한심한 잔소리처럼 여겨질지도 모르겠다. 하지만 그 고리타분하고 한심한 잔소리가 작금의 직장 현실이다. "경험해 봤더니 전혀 아닌 걸?"이라면 진심으로 축하한다. 그렇게 세상과 조직이 변화하고 발전했다면 더할 나위 없이 좋은 일이기 때문이다.

기업커뮤니케이션&컨설팅그룹 네오메디아 편집팀장

박윤선

잘나가는 직장선배의 비밀 레시피 39

직장생활 정글의 법칙

초판 1쇄 2012년 10월 5일
3쇄 2013년 7월 31일

기 획 매일경제 시티라이프팀   지은이 박윤선
펴낸이 성철환   담당PD 성영은   펴낸곳 매경출판㈜
등 록 2003년 4월 24일(No. 2 – 3759)
주 소 우)100 – 728 서울 중구 필동1가 30번지 매경미디어센터 9층
홈페이지 www.mkbook.co.kr
전 화 02)2000 – 2610(편집팀) 02)2000 – 2636(영업팀)
팩 스 02)2000 – 2609   이메일 publish@mk.co.kr
인쇄 · 제본 ㈜M – print   031)8071 – 0961

ISBN 978 – 89 – 7442 – 842 – 6

값 14,000원